Andreas Frey (Hrsg.)

Zur Pädagogik von Maria Montessori

Verlag

Empirische Pädagogik e. V.
Friedrich-Ebert-Straße 12
D-76829 Landau
Tel.   06341-906-0
Fax   06341-906-200
E-Mail   zentrum@ps2.zepf.uni-landau.de

Druck

DIFO Bamberg

Zitiervorschlag

Frey, A. (Hrsg.). (1996). *Zur Pädagogik von Maria Montessori* (Materialien für Lehre,
Aus- und Weiterbildung, Bd. 4). Landau: Verlag Empirische Pädagogik.

ISBN 3-931147-23-1

Vorwort

Dieses Materialienbuch basiert auf Unterlagen der Lehrveranstaltung *Die Pädagogik von Maria Montessori*. Sie wurde im Sommersemester 1996 an der Universität Koblenz-Landau durchgeführt.

Über Maria Montessori - ihr Leben und ihre Werke - wurde in diesem Jahrhundert schon sehr viel geschrieben und diskutiert. Wahrscheinlich wird die Diskussion über ihre Pädagogik noch in das neue Jahrtausend hineinreichen. Das vorliegende Materialienbuch möchte keinen weiteren Einblick in die Schaffungszeit von Maria Montessori geben und ist kein Lehrbuch im klassischen Sinn, weil keine differenzierten Ableitungen und Erörterungen dargestellt werden - es gibt sie in ausreichender Anzahl. Vielmehr standen folgende Überlegungen im Mittelpunkt:

- Es versammelt Texte, das über einschlägige Literatur verstreut ist. Ein erheblicher Teil dieser Texte ist überdies für den Studierenden nur schwer zugänglich.

- Die einzelnen Thementeile sind bewußt knapp und überblicksartig zusammengefaßt. Sie liefern die Grundlage für weitere Lehrbemühungen in diesem Bereich und eignen sich auch als Unterlage für Prüfungsvorbereitungen.

- Es enthält eine kleine subjektive Zusammenstellung von deutscher Literatur, auf die zum Zwecke der Erweiterung und Vertiefung des Gelernten, aber auch als Alternative zurückgegriffen werden kann.

Die nachstehenden Texte wurden von folgenden Personen aufbereitet: *Leben und Werk von Maria Montessori*: Sven Lang; *Biographien und Theorien zu Jean-Marc Gaspard Itard und Edouard Séguin als Hintergründe der pädagogischen Arbeit Maria Montessoris*: Katja Haase; *Freiheit, Persönlichkeit und Selbsterzie-*

hung an Montessori-Schulen und in Kinderhäusern: Petra Bier & Karina Lofi; *Bildung durch lebendiges und selbsttätiges Tun sowie Förderung der Sinne über das Montessori-Material an Schulen:* Andrea Haßdenteufel, Stefanie Linz & Kirsten Weischenberg; *Konzentration als pädagogisches Phänomen:* Karsten Kunde, Ivo Spuhler, Johanna Hämpel & Verena Oho; *Das Spiel in der Montessoris Pädagogik. Ein kritischer Vergleich:* Eveline Trauthwein & Michelle Ruhbaum.

Landau, im Juli 1996   Andreas Frey

INHALTSVERZEICHNIS

Einleitung

Maria Montessori entwickelte zu Beginn des 20. Jahrhunderts, angeregt durch Theorien und Materialien, die schon zur Zeit der Französischen Revolution von den Ärzten *Sequin* und *Itard* bei schwachsinnigen Kindern verwendet wurden, ein umfangreiches Programm gezielter Entwicklungsförderung für Kinder im Vorschul- und Grundschulalter. Dieses Entwicklungsprogramm wurde zuerst an Schwachsinnigen, später an Arbeiterkinder aus Elentsvierteln Roms und noch später in vielen von ihr eingerichteten *Casa dei Bambini* in Italien, Deutschland, Schweiz, Holland, USA und Indien mit großen Erfolgen erprobt und findet noch heute in vielen Montessori-Häusern Anwendung. Das von Maria Montessori entwickelte Lehrmaterial dient *der systematischen Erziehung der Sinne, des Verstandes, unter harmonischer Mitwirkung der ganzen sowohl körperlichen wie seelischen Persönlichkeit des Kindes, und soll dieses so weit bringen, sich die schwierigen, elementarsten Kenntnisse, Schreiben, Lesen, Rechnen gleichsam spielend anzueignen* (Montessori, 1923, S. 41). Dieses Material stellt in seiner Gesamtheit *ein in System gebrachtes psychologisches Hilfsmittel dar, das sich mit einem Tummelplatz für den Geist vergleichen ließe, auf dem das Kind sich freiwillig allen möglichen Übungen hingibt, die seiner ganzen Entwicklung förderlich sind und ihm mehr Bildungsmöglichkeiten eröffnen* (ebd., 1923, S. 42). Montessori spricht in ihrem Programm von der Einrichtung einer *vorbereitenden Umgebung* im Kinderhaus, in dem alle Möbel und Geräte der Größe und den Kräften des Kleinkindes entsprechen und es zu *zahlreichen Übungen des praktischen Lebens* - wie beispielsweise saubermachen, aufräumen, Blumen pflegen, Tiere füttern, sich waschen und anziehen - anregen. Die systematischen Sinnesübungen dienen zur Stärkung der Beobachtungs-, Urteils- und Erkenntnisfähigkeit des Kindes mit Hilfe von Einsatzzylindern verschiedenen Ausmaßes, Würfeln mit abnehmenden Kantenlängen, Quadern mit abnehmenden Querschnitten, Stangen abnehmender Länge, Gegenständen für Tastübungen, verschiedenen Materialien zur Unterscheidung von Farben, Gewichten, Geräuschen und Gerüchen bis hin zu Buchstaben- und Wortkarten zum Lesenlernen, Bewegungs- und Zeichenübungen zum Schreibenlernen sowie Stäbchen und Spielen zum Zählen- und Rechnenlernen.

Durch vielfältige praktische Erfahrungen unterstützt, glaubt Montessori auf diese Weise, ausgehend von *Bedürfnissen* und *Interessen* der Kinder, durch eine geeignete Umgebung und geeignetes Spielmaterial eine *Polarisierung der Aufmerksamkeit* zu erreichen, die dem Kleinkind ein *selbständiges* und *selbsttätiges* Leben und Lernen ermöglichen soll.

Trotz der heftigen Kritik, die das Erziehungssystem Montessoris hervorgerufen hat, sind ihre frühen praktischen Erfolge beachtlich und erregen bis heute unsere große Bewunderung.

1. Leben und Werk von Maria Montessori

31.08.1870   Maria Montessori wird in Chiravalle bei Ancona geboren,
              Tochter von Alessandro Montessori und Renilde, geb. Stoppani.
1882   (andere Quellen: 1872). Die Familie Montessori lebt in Rom,
              wo Maria Montessori die naturwissenschaftlich-technische Se-
              kundarschule für Jungen besucht – Abitur.
1890   Beginn des Medizinstudiums an der Universität in Rom.
1896   Staatsexamen und Promotion als erster weiblicher Doktor Itali-
              ens. Doktorarbeit über Verfolgungswahn. Assistenzärztin an der
              psychiatrischen Klinik in Rom. Bei der Betreuung und Erzie-
              hung schwachsinniger Kinder erkennt Maria Montessori, daß
              diese nicht nur Pflege und Physische Zuwendungen brauchen,
              sondern gezielte individuelle Förderung.
1898-1900   Aufenthalt am Bourneville Institut: Maria Montessori studiert
              dort bei Albert Binet die Methoden der französischen Ärzte
              Jean Marie Itard und Edouard Seguin (ein Schüler Itards). Diese
              Methoden modifizierte sie für ihre sozialpädagogische Arbeit
              mit zurückgebliebenen Kindern.
1904-1908   Professor für Anthropologie an der Universität in Rom. Durch
              ihre Erfolge bei der Förderung „*devektiver Kinder*" motiviert
              Maria Montessori, dieselbe Konzeption bei gesunden Kindern
              anzuwenden.
1907   Erstes „Casa dei bambina" in San Lorenzo, einem Slum ähnli-
              chen Arbeitsviertel in Rom.
1908   Zweites Kinderhaus in Mailand (mit Anna Maccheroni).

1909	Erster Kurs ihrer Pädagogik in Rom. Es folgen weitere Seminare in Spanien, England und Frankreich. 1. Schrift: „Il metodo della pedagogica scientificia, applicato all' educazione infantile nelle case dei bambini" (dt.: „Selbständige Erziehung im frühen Kindesalter).
1914	Gründung der ersten Montessori-Gesellschaft.
1915	Einführung des religionspädagogischen Gedankens anläßlich des liturgischen Kongresses auf dem Montserrat (durch A. Maccheroni).
1916	2. Werk: „L' Autoeducazione nelle scoule elementari" (dt.: „Motessori-Erziehung für Schulkinder").
1926	Gründung des Motessori-Instituts in Wien.
1936	„Kinder sind anders".
1939-1946	Indienaufenthalt. Der Dichter Rabindranat Tagore macht sich zum Propagandisten ihrer Methode.
1949	Rückkehr nach Europa (Holland). „Der absorbierende Geist"
06.05.1952	Tod in Noordwijk-an Zee (Holland).

Anthropologische Grundlagen der Montessori-Pädagogik

Für Montessori ist Erziehung *Hilfe zum Leben* (vgl. hier und im folgenden: Hane, 1994). Das Kind trägt von Natur aus einen Bauplan in sich, der seine Entwicklung vorzeichnet. Die Erziehung dient dazu, diese Entwicklung plangemäß zu unterstützen. Nach Montessori ist das normalisierte Kind fähig zum Aufbau einer unabhängigen Persönlichkeit und zur freien Entfaltung seiner Begabungen, Interessen und Stärken (vgl. Schmutzler, 1994).

Die Umwelt hat zwar großen Einfluß auf die Entwicklung, sie erzeugt diese aber nicht. Vielmehr wird die Entwicklung als Akt der aktiven Selbstgestaltung angesehen, deren Motor die angeborene Aktivität des Kindes ist. Im Kind selbst ist eine schöpferische Energie vorhanden, die es befähigt, auf Grund seiner Umwelteindrücke eine seelische Welt aufzubauen. Der anthropologische Gedanke Montessoris ist also durch die Überzeugung geprägt, daß sich die Entwicklung des Kindes durch immanente Gesetzmäßigkeiten vollzieht.

In diesem aktiven Selbstaufbau zeigt sich das wahre Wesen des Kindes: *In seinem Aufbau liegt seine wirkliche und fast einzige Freude* (vgl. Schmutzler, 1994; S. 99).

Die sensiblen Perioden

Aufgrund vorangegangener Beobachtungen und im Rückgriff auf die biologischen Forschungsergebnisse des Holländers *De Vries* gelangte Montessori zu der Überzeugung das in der Entwicklung des Kindes sensible Phasen gibt, d.h. Perioden in denen es für bestimmte Lernvorgänge besonders Empfänglich ist.

Diese sensiblen Phasen bzw. Perioden sind zwar vorübergehend, aber jede legt den Grundstein für die folgende. Daher muß sich das Kind sich in jeder Phase gut entwickeln können, damit auch in der Folgephase dei Entwicklung ungestört verlaufen kann.

In diesen sensiblen Perioden bildet das Kind Handlungsstrukturen aus, wobei die innere Empfänglichkeit des Kindes bestimmt, was aus der Umwelt aufgenommen wird und welche Eindrücke für das momentane Entwicklungsstadium vorteilhaft sind.

Alterseinteilung der Phasen

a) 0-3 Jahre: In dieser Phase ist das Kind *sensibilisiert für das unbewußte Absorbieren von Sinneseindrücken.* Außerdem ist es die Phase des Laufen- und Sprechenlernens.

b) 3-6 Jahre: Das Kind befindet sich nun in der Phase der *Realisierung und Perfektionierung.* Es beginnt mit ersten begrifflichen Kategorisierungen, die Feinmotorik wird sensibilisiert, es kommt zur Sprachdifferenzierung und zum Aufbau sozialer Sympathiebeziehungen. Das Kind vollzieht einen Übergang vom Unbewußten zum Bewußten, es beginnt, seine Umgebung zu *erobern.*

c) 7-12 Jahre: Das Kind hat nun das Bedürfnis, die Grenzen seiner Aktivitäten und seines Aktionsbereichs zu erweitern (sowohl geistig als auch sozial): Es entwickelt einen Drang nach Abstraktion und Intellektualität. Eine erhöhte Sensibilisierung für Kooperative Sozialbeziehungen moralische Wertungen und Naturerscheinungen (geographischer, biologischer und physikalischer Art) ist zu beobachten. Nach Montessori benötigt das Kind in dieser Phase systematischen und fachübergreifenden Unterricht.

d) Pubertäts- und Jugendphase: Der Jugendliche entwickelt einen Sinn für Gerechtigkeit und Menschenwürde sowie für soziale und gesellschaftliche Prozesse. Wissenschaftliche Erkenntnisse und politische Verantwortung rükken in den Blickpunkt des Interesses.

Das Kind eignet sich in jeder Phase spezifisches Wissen an und ein Erzieher oder Lehrer sollte immer über den Verlauf aller Phasen Bescheid wissen, egal in welchem Abschnitt der Entwicklung er das Kind begleitet.

Das Prinzip der Umwelt

Nach Motessori muß dem Kind ein entwicklungsförderndes Milieu geschaffen werden, in dem Hindernisse, die die Entwicklung beeinträchtigen könnten, beseitigt werden. Die Bedürfnisse des Kindes müssen angemessen und reichlich Nahrung finden, welche dem jeweiligen Entwicklungsstand angepaßt ist. Das Milieu muß sich mit seinen Angeboten im richtigen Verhältnis zu den physischen und geistigen Fähigkeiten des Kindes befinden.

Das Prinzip der Freiheit

Um die Entwicklung des Kindes zu fördern muß diesem die größtmögliche Freiheit zugestanden werden. Es soll aus einem durch Hindernisse beengtem Leben *befreit* werden. Das beinhaltet, daß die Spontaneität des Kindes in der Ausübung seiner Aktivitäten beachtet und berücksichtigt werden soll.

Freiheit heißt auch eine Loslösung von Unterstützungen, um dem Kind selbständiges und selbstverantwortliches Handeln zu ermöglichen. Dabei darf Freiheit nicht mit der Anwendung eines *laissez-faire-Stils* verwechselt werden.

Die Freiheit muß als Grenze den allgemeinen Nutzen haben und in den Formen in dem, was wir Erziehung, gute Manieren und Benehmen nennen (vgl. Montessori, 1994).

Anwendungen der Prinzipien

Anwendungen finden diese Prinzipien im *Haus der Kinder*. Dort sollten die entsprechenden Randbedingungen geschaffen werden, indem u. a. positive Züge des Familienlebens wachgerufen und verstärkt werden.

Mit der vorbereitenden Umgebung soll dem Kind geholfen werden, sich selbständig zu entwickeln. Dabei muß diese Umgebung den Bedürfnissen der kindlichen Aktivität entsprechen, es muß ausreichend Spielraum gewährleistet sein und die enthaltenen Gegenstände sollen den Maßen und den körperlichen Kräften des Kindes angepaßt sein, damit es alles gebrauchen kann und imstande ist, die Arbeiten des praktischen Lebens zu bewältigen.

Des weiteren sollte der Ordnungsfaktor berücksichtigt werden, was bedeutet, daß jeder Gegenstand seinen festen Platz hat, damit sich das Kind zurecht findet. Es sollten auch keine überflüssigen Dinge vorhanden sein, um nicht die Orientierung des Kindes zu behindern. Die Umgebung soll künstlerisch schön gestaltet sein, damit das Kind eine Anregung zur Betätigung und Auseinandersetzung erhält.

Das Material

Das Material bildet einen integralen Bestandteil der pädagogisch vorbereiteten Umgebung. Es ist *Entwicklungsmaterial*, als Hilfe zur absorbierten Umwelt und hat lediglich eine *dienende* didaktische Rolle, da das Kind mit seinen Bedürfnissen im Vordergrund steht. Das Material soll das Kind zu einer Tätigkeit anspornen, ohne das der Erzieher Anweisungen geben muß. Montessori unterschied zunächst drei Arten von Materialgruppen für Übungen des täglichen Lebens, für Bewegungs- und für Sinnesübungen, denen sie als Ärztin eine hohe Bedeutung zuwies. Nach Holtstiege (1977) kommt noch eine vierte Gruppe dazu, nämlich didaktisches Material zum Erlernen von Lesen, Schreiben und Rechnen.

Vor allem die Sinnesmaterialien entwickelte Montessori in langen systematischen Versuchen, zurückgreifend auf *Itard* und *Seguin*, zur Förderung der kindlichen Motorik und Sensorik. Das Material soll für das Kind ein *Schlüssel zur Welt* sein. Es ist selbsterzieherisch und selbstkorrigierend Konzipiert, somit ist das Kind in der Lage einen Irrtum automatisch und selbständig zu erkennen. Jeder Apparat dient dabei genau einem Zweck, damit jeweils ein spezifischer Lerneffekt erreicht werden kann. Außerdem sollten die Materialien folgende Merkmale besitzen:

a) Entwicklungsgemäßer sachlogischer Aufbau, damit sich das Kind in Lernsequenzen entwickeln kann.

b) Ein ästhetisches und motivationales aufforderndes Äußeres und eine hinreichende Stabilität.

c) Ganzheitliche Wirkung mit besonderem Einbezug von Bewegung und Sinnen.

d) Abgestufte Schwierigkeitsgrade.

e) Begrenztes Vorhandensein um u.a. soziale Prozesse auszulösen (vgl. Schmutzler, 1994).

Die Rolle der Erzieher

Die Funktion des Erziehers besteht in der Lenkung der psychischen Handlungen der Kinder. Er dient als Bindeglied zwischen Material und Kind, indem das Kind in Bezug zum Material gebracht und in dessen Handhabung eingewiesen wird. Die belehrende Funktion liegt dabei ganz beim Material. Der Erzieher ist teilnehmender Beobachter und soll Hemmnisse in der Entwicklung erkennen und, durch die Vorbereitung der entsprechenden Umwelt, beseitigen. Dem Kind wird im geeigneten psychischen Moment das passende Material angeboten und dann wird es seiner persönlichen Aktivität überlassen. Es soll keine Ermutigung oder Verbesserung geben, und niemals darf das Kind zu einer Handlung gezwungen werden. Vielmehr sollten ihm Möglichkeiten eingeräumt werden, sich gemäß seiner inneren Antriebe zu verhalten (Hilfe zur Selbsthilfe). Die Arbeit des Erziehers sollte diskret, umsichtig und zartfühlend sein und er sollte nur bei Notwendigkeit eingreifen. Der Erzieher dient lediglich dazu, das Milieu vorzubereiten und zu motivieren. Die Disziplin im Haus der Kinder gründet sich dabei auf der freien Aktivität. Dennoch sind Bestrafungen nicht absolut abgeschafft. So kann ein inakzeptables Verhalten des Kindes z.B. durch Ausschluß von der Tätigkeit sanktioniert werden.

Die religiöse Erziehung

Montessori hatte seit 1910 einen eigenständigen religionspädagogischen Ansatz entwickelt, welcher eine Didaktik und Methodik für die Hinführung zur heiligen Messe und zur Darstellung des Lebens Christi beinhaltet. Montessori sieht es als Aufgabe, religiöse Menschen heranzubilden. Es gilt lediglich, ein religiöses Milieu zu schaffen. Die religiöse Erziehung beginnt bei der Geburt und setzt sich phasenweise bis zum Erwachsenenalter fort. Nach Montessori ist Religion eine universale Empfindung, die in jedem existiert.

Stufen religiöser Erziehung

Das religiöse Bewußtsein entwickelt sich nach zwei Bildungsphasen:

1. Die Empfindungsperiode

Mit 2-3 Jahren nimmt das Kind auf der Empfindungsebene Religion wahr, sofern es in einer religiösen Umgebung lebt. Dazu kommen ansatzweise verbale Unterweisungen und Erklärungen.

2. Die Unterweisungsperiode

Die Unterweisung geschieht in einem besonderen, religiösen Übungen angepaßten Raum, dem sogenannten *Atrium* des Kinderhauses. Dabei muß die gesamte Persönlichkeit des Kindes angesprochen werden, d.h., es müssen Erlebnis-, Handlungs-, Wiederholungs- und Darstellungsmöglichkeiten geboten werden.

Schlußgedanken

Die vorangegangenen Ausführungen geben lediglich einen kurzen Überblick über das Leben und Werk von Maria Montessoris. In den folgenden Kapiteln werden die einzelnen Bereiche weiter vertieft.

Es läßt sich schon jetzt erkennen, daß Maria Montessori eine Pädagogik entwikkelte, deren Idee viele Möglichkeiten zur weiteren Anwendung und Anregung in Theorie und Praxis bietet.

2. Biographien und Theorien zu Jean-Marc Gaspard Itard und Edouard Séguin als Hintergründe der pädagogischen Arbeit Maria Montessoris

Jean-Marc Gaspard Itard

um 1774	Geburt Itards
1793	Itard wird Sanitätsoffizier
1796	Itards Berufung ans Militärhospital Val-de-Grâce
1800	Itard wird Hausarzt des INSM, der Taubstummenanstalt in Paris
1801	Itard beginnt mit der Erziehung Victors. *Enfant Sauvage*
1805	Itard beginnt mit dem Unterricht von Taubstummen
1806	Ende von Victors Erziehung. Itards zweiter Bericht *Enfant Sauvag*
1828	Tod Victors
1837	Itard und Séguin unterrichten Behinderte
1838	Tod Itards

Der französische Arzt Jean-Marc Gaspard Itard gilt als Begründer der Heilpäd-agogik. Er wurde 1800 im Alter von 25 Jahren Arzt an der Taubstummenanstalt von Paris.

Zur gleichen Zeit fand man in den Wäldern von Aveyron einen etwa elf- bis zwölfjährigen Jungen, der dort wie ein Tier gelebt hatte. Er wurde in die Anstalt gebracht und rief bald international Aufsehen hervor. Wissenschaftler aus aller Welt wollten sich den *Naturmenschen* anschauen, begegneten jedoch einem Kind, das eher tier- als menschartig wirkte und über keinerlei Mittel der Kommu-nikation verfügte. Nach einer Weile erklärte man ihn für unerziehbar und er blieb in der Anstalt. Itard war völlig anderer Meinung. *Nicht Idiotie, sondern der Mangel an Übung* sei der Grund, warum *Victor*, so nannte er den Jungen, in diesem tierähnlichen Stadium verblieb. Wichtig war das völlige Fehlen der Entwicklung potentieller Fähigkeiten. Itard zeigte mit seinem Versuch, Victor zu erziehen und zu unterrichten, das Ideal der Aufklärungsepoche, nämlich jeden Menschen zu einem nützlichen Mitglied der Gesellschaft zu erziehen. Während geistesschwache Kinder im Mittelalter als gottgegeben hingenommen wurden und keinerlei Beeinflussung unterlagen, sollten diese Kinder jetzt so erzogen werden, daß sie ihren eigenen Lebensunterhalt verdienen konnten und so dem Staat nützlich wurden.

Itard versuchte, das Kind zu zivilisieren, seine Sinne anzuregen und zu kanalisieren. Nachdem bei Viktor alle herkömmliche Methoden gescheitert waren, entwickelte Itard seine eigene Methode, indem er einen roten Kreis, ein blaues Dreieck und ein schwarzes Viereck auf ein Brett klebte und dem Jungen drei Stück Pappe der gleichen Größe, Form und Farbe gab, die er auf die Figuren legen sollte. Ausgehend von dieser Übung gingen die beiden zu komplizierteren über, bis hin zu einem Satz von Pappbuchstaben, die einem Satz von Metallbuchstaben entsprach. Durch Sortieren und Ordnen gleicher Buchstabenpaare schaffte es Victor schließlich, durch das richtige Kombinieren der Buchstaben L A I T (Milch) zu verlangen.

Itard entwickelte vor allem zwei Prinzipien, die später bei Séguin und auch bei Montessori zentral werden sollten: *Die Isolierung des einzelnen Sinnes beim Training* sowie *das Prinzip, von zwei grob unterschiedlichen Sinneseindrücken zu immer feineren Unterschieden zu gelangen.*

Da von allen Sinnen der Gehörsinn derjenige ist, welcher hauptsächlich zur Entwicklung unserer intellektuellen Fähigkeiten beiträgt, nahm ich zu allen er-

*denklichen Auskunftsmitteln meine Zuflucht, um das Gehör unseres Wilden aus
seiner langjährigen Stumpfheit zu wecken. Ich kam zu dem Schlusse, daß man
dieses Organ, um es zu wecken, gleichsam isolieren müsse. Demzufolge verband
ich Victors Augen mit einer dichten Binde und ließ an sein Ohr die stärksten und
einander unähnlichsten Töne schallen. Meine Absicht war, sie ihm nicht nur zu
Gehör zu bringen, sondern auch von ihm unterscheiden zu lassen* (zitiert in Kramer, 1977, S. 59). Das Prinzip, von zwei grob unterschiedlichen Sinneseindrük-
ken zu immer feineren Unterschieden zu gelangen, entsprächen z.b. Montessoris
Farbtäfelchen mit acht Grundfarben und jeweils acht Abtönungen.

Itard scheiterte schließlich an der Erziehung Victors. Der Junge lernte nie zu
sprechen und konnte niemals über das bloße paarweise Ordnen zu einem Verständnis der Bedeutung von Tönen und Worten gelangen. Schließlich kam Victor
in die Pubertät und alle weiteren Erziehungsversuche scheiterten an seinem Verhalten, das gewalttätig und unberechenbar geworden war. Die Weiterentwicklung
seiner Methoden blieb Séguin überlassen, Itards Schüler.

*Itard [...] führte als erster Erzieher die Beobachtung der Schüler in der Praxis
durch, und zwar auf ähnliche Weise, wie dies in den Spitälern bei Kranken, besonders Nervenkranken, geschah. Bei den pädagogischen Arbeiten Itards handelt
es sich um sehr interessante eingehende Beschreibungen pädagogischer Versu-
che und Erfahrungen; wer sie heute liest, muß zugeben, daß hier zum erstenmal
die Experimentalpädagogik angewandt wurde. Das Verdienst, ein wirkliches und
vervollständigtes Erziehungssystem für geistig zurückgebliebene Kinder entwikkelt zu haben, gebührt jedoch Edouard Séguin, der zuerst Lehrer, dann Arzt war.
Er ging von Itards Versuchen aus, die er unter Abänderung und Vervollständi-
gung der Methode in zehnjähriger Erfahrung bei Kindern anwandte* (Montessori,
1969).

Edouard Séguin

1812	Geburt Séguins
	Séguin studiert Medizin bei Itard. Vorher war er Lehrer
1839	Séguins erste Schule für Behinderte.
1841	Schule in der Salpêtrière
1842	Schule in Bicêtre. *Erziehung von zurückgebliebenen Kindern*
1843	*Hygiene und Erziehung von Idioten*
1846	Psychologische Behandlung der Idiotie
1848	Séguin emigriert in die USA
1866	*Idiotie und ihre Behandlung*
1880	Tod Séguins

Edouard Séguin träumte davon, *das menschliche Potential der Massen durch Erziehung zu aktivieren.* Sein besonderes Interesse galt den sogenannten *idiotischen* Kindern. Er hatte sehr früh Erfolg in einem 18-Monate-Versuch, in dem es ihm gelang, einen schwachsinnigen Jungen durch den Gebrauch seiner Sinne so weit zu bringen, daß er sprechen, schreiben und zählen lernte. Später gründete er mehrere Schulen für sogenannte *Idioten*, wo er seine Arbeit mit großem Erfolg fortsetzten konnte. Seine Veröffentlichungen erregte die Aufmerksamkeit von Erziehern in der ganzen Welt. Ebenfalls interessierten sich Psychiater, die man damals noch *Alienisten* nannte, für seine Methoden und die berühmte Pariser Irrenanstalt war bald Vorbild für viele ähnliche Anstalten auf der ganzen Welt. Séguin wanderte schließlich in die USA aus, arbeitete in Ohio und Massachusetts, wurde Direktor der *Pennsylvania Training School for Idiots* und gründete später eine Schule für Geistesschwache und körperschwache Kinder in New York. Séguin versuchte, die idealen Methoden der normalen Erziehung auf den Sonderfall der geistig Behinderten anzuwenden. Er vertrat die Meinung, *die gewöhnliche Schulerziehung wirkte verdummend durch Reglementierungen, sie hebe das mechanische Gedächtnis hervor, auf Kosten aller anderen geistigen Fähigkeiten.* Ihm hingegen schwebte eine Erziehung vor, die die potentiellen Fähigkeiten des Individuums hervorheben sollte.

Séguin unterteilte die Erziehung des Kindes in eine Abfolge von Entwicklungs-stufen, beginnend mit der körperlichen Bewegung bis hin zum geistigen Training des Intellekts. Die erste Stufe war die Erziehung der Aktivität. Er entwickelte eine Reihe abgestufter Übungen zur Schulung der Motorik und verwendete einfa-che Turngeräte wie Leitern und Schaukeln als auch Geräte, die man im Alltagsle-ben benützt - z.B. Spaten, Schubkarren und Hammer -, um die sinnliche Wahr-nehmung und die motorische Fähigkeiten des Kindes anzuregen. Er benützte verschieden große Nägel, die in Löcher entsprechender Größe in einem Brett gesteckt werden mußten, Perlen zum Aufziehen, Kleidungsstücke, die zuge-knöpft und geschnürt werden sollten, um die Sinne der Kinder zu üben und ihnen die Alltagsfähigkeiten beizubringen. Er entwickelte den Tastsinn der Kinder, indem er Gegenstände verschiedener Beschaffenheit zur Verfügung stellte, das Sehvermögen, indem er farbige Kugeln verwendete, die in Halter der gleichen Farbe gelegt werden sollten, und Stöcke verschiedener Länge, die in einer Reihe vom längsten bis zum kürzesten anzuordnen waren. Seine Kinder zeichneten erst Striche und kopierten dann Buchstaben, eine Methode, die - im Gegensatz zu dem, was in den Schulen üblich war - zu Schreiben vor dem Lesen führte (Kramer, 1977, S. 60). Auch finden wir bei Séguin einen Beleg für das Sin-nestraining durch Kontraste und deren Verfeinerung:

Der Kontrast ist eine Kraft. Kinder werden bei Nebeneinanderstellung von Ge-gensätzen verstehen und tun, was sie bei einzelner Vorführung oder Nebeneinan-

derstellung von Ähnlichkeiten nicht getan hätten. In anderen Fällen bewährt sich das Gegenteil als erfolgreich; auch Ähnlichkeit ist eine Kraft. Zu diesem Zwecke sind unähnliche Dinge durch Gegenüberstellung zu lehren; eine Übung mit den Augen ist von einer mittels der Finger abzulösen, Sitzen durch Stehen, aufmerksames Schweigen durch Ausstoßen von Lauten. Wenn wir dies tun, geben wir dem Geiste durch Abwechslung ebenso Nahrung wie Ruhe (vgl. ebd., 1977, S. 60).

Zusammenfassend ist zu sagen: *Der entscheidende Gedanke bei Itard und Séguin ist die physiologische Methode (Séguin), die Einheit von Intellekt und Sinnestätigkeit bzw. Motorik und die Aktivierung des Intellekts durch Einwirkung auf die Sinne und den Bewegungszusammenhang. Geistige Behinderung äußert sich ja zunächst als Sinnesschädigung. Die Aktivierung des Geistes geschieht daher über die Übung der Sinne. Durch die Peripherie wird auf das Zentrum eingewirkt* (Holtstiege, 1986, S. 36).

Weiterentwicklung durch Maria Montessori / Scuola Ortofrenica

1866 wurde Seguins Werk *Idiotie und ihre Behandlung* in den USA veröffentlicht. Es war das Werk, an dem sich Montessori am meisten orientierte. Hier fand sie ihren Ansatz: Man konnte diesen Kindern durch besondere Erziehungsmethoden helfen. In Krankenhäusern konnten sie nicht geheilt werden, sie mußten durch Schulen gebildet werden.

Angeregt durch diese Schriften wandte sie sich zum erstenmal dem Studium der Erziehungswissenschaften zu. Im Wintersemester 1897/98 besuchte sie als Hörerin die Pädagogikvorlesungen und sie las die Hauptwerke der Erziehungstheorie der letzten 200 Jahre.

Ausgelöst durch einen Vortrag über *Moralische Erziehung* auf dem Turiner Kongreß 1898 wurde Maria Montessori durch den italienischen Erziehungsminister beauftragt, für Lehrerinnen eine Vortragsfolge über die Erziehung *Schwachsinniger Kinder* zu halten. Dieser Kurs entwickelte sich weiter zu einer Schule, in der Heilpädagogen (Sonderpädagogen) ausgebildet wurden und diese wurde von Montessori zwei Jahre lang geleitet. Von dieser Scuola Ortofrenica sagt sie selbst: *So bereitete ich mit der Hilfe von Kollegen die römischen Lehrer zwei Jahre lang nicht nur auf die Spezialmethode zur Beobachtung und Erziehung schwachsinniger Kinder vor, sondern, was wichtiger ist, ich begann, selbst Kinder zu unterrichten und die Arbeit der Erzieherinnen schwachsinniger Kinder in unserem Institut zu leiten, nachdem ich in London und Paris die Erziehung von geistig zurückgebliebenen in der Praxis studiert hatte* (Montessori, 1913, S. 30).

Während der Wochen, die sie in London verbrachte, versuchte sie ein Exemplar von Séguins Buch *Idiotie und ihre Behandlung* zu finden, das 13 Jahre zuvor auf englisch veröffentlicht worden war, das in Italien jedoch nicht zu finden war. Aber auch hier hatte sie kein Glück. Weder in England, Italien, noch in Frankreich war es möglich, jemanden aufzutreiben, der dieses Buch kannte oder es in seinem Besitz hatte. *Die Tatsache, daß dieses Buch in England nicht bekannt war, sagt sie, obwohl es auf englisch veröffentlicht worden war, brachte mich auf den Gedanken, Séguins Methode sei nie recht verstanden worden* (Standing, 1970, S. 20).

Und das, obwohl er in allen Veröffentlichungen über Einrichtungen für geistig behinderte Kinder zitiert wurde. Die Techniken seiner Anhänger mußten also völlig mechanisch sein, ohne den Geist Séguins zu erfassen. Später gelang es ihr durch einen Freund, Séguins Buch in einer amerikanischen Privatbibliothek aufzutreiben und gemeinsam mit einer Freundin übersetzte sie es ins Italienische.

In der Suola Ortofrenica bekam sie die Gelegenheit, mit dem sensorischen Lehrmaterial zu experimentieren, das von Itard und Séguin entwickelt worden war:

Dreidimensionale Körper und Buchstaben, die man betasten, paarweise ordnen,
in entsprechend geformte Löcher einfügen konnte; Perlen und Tuchstücke, die
man aufziehen, aneinanderknüpfen und schnüren konnte; eine Reihe von Gegen-
ständen verschiedener Größe, Form, Farbe und Oberflächenbeschaffenheit, die
zu unterscheiden und zu handhaben waren, um Wahrnehmung und praktische
Geschicklichkeit zu schulen. Hier hatte sie die Möglichkeit, dieses Material auf
ihre Weise abzuwandeln, während sie die Reaktionen der Kinder beobachtete,
und die Gegenstände laufend den Bedürfnissen der Schüler anzupassen (Kramer,
1977, S. 85).

Auf der Grundlage der vorher von Itard und Séguin zum Unterrichten geistig
behinderter Kinder entwickelten Vorrichtungen, durch eigene Beobachtungen der
Reaktionen ihrer Schüler abgewandelt, entwickelte sie eine Reihe von Lehrmate-
rialien und ließ sie herstellen. Dieses Material und dessen Darbietung wurden
später, als sie zur Verwendung für normale Kinder verändert worden waren, das
Montessori-Material und die Montessori- Methode. Maria Montessori übernimmt
Theorie und Praxis ihrer Lehrmeister und führt gleichzeitig über sie hinaus. Sie
verfeinert und systematisiert das Ganze der Materialien. Es entsteht das didaktische Material. Und sie überträgt die Funktion dieser Materialien auf die Nor-
malerziehung. Anders gesagt: *Sie entdeckt, daß der Umgang nicht-behinderter*
Kinder mit diesen Materialien bei den Kindern eine Veränderung herbeiführt -
eine Explosion, eine Konzentration, also die Normalisation des Verhaltens
(Holtstiege, 1986, S. 41).

Es gelang mir, einigen geistig Zurückgebliebenen aus dem Irrenhaus Lesen und
korrektes Schreiben in Schönschrift beizubringen. Diese Kinder konnten danach
in einer öffentlichen Schule zusammen mit normalen Kindern eine Prüfung able-
gen, die sie auch bestanden. Während alle die Fortschritte meiner Idioten be-

wunderten, machte ich mir Gedanken über die Gründe, aus denen glückliche und gesunde Kinder in den gewöhnlichen Schulen auf so niedrigem Niveau gehalten wurden, daß sie bei Prüfungen der Intelligenz von meinen unglücklichen Schülern eingeholt wurden (Montessori, 1969, S. 32).

Ich war ganz sicher, daß ähnliche Methoden, wie ich sie bei den Schwachsinnigen angewandt hatte, auch normale Kinder Persönlichkeit entwickeln und auf das wunderbarste und überraschendste befreien würde (Standing, 1970, S. 28).

Ein Zitat von Séguin, in dem er von seiner Idealvorstellung eines Lehrers für abnorme Kinder spricht, soll dieses Kapitel beschließen: *Er muß schon mit besonderen Gaben geboren worden sein, muß sich aber auch für diese große Aufgabe vervollkommnet haben. Er sollte gut aussehen und auch stark sein, so daß er anziehend wirkt, aber auch befehlen kann; sein Blick sollte heiter sein, wie der eines Menschen, der durch seinen Glauben Siege errungen und dauerhaften Frieden gefunden hat; sein Gehaben sollte unerschütterlich sein, wie die eines Menschen, der nicht leicht zu einer Meinungsänderung zu überreden ist. Kurzum, er sollte unter seinen Füßen festes Gestein spüren, das Fundament aus Granit, auf dem seine Füße fest stehen und seine Schritte sicher sind. Von diesem festen Grund aus sollte er sich imponierend erheben, wie ein Zauberer. Seine Stimme sollte sanft sein, melodiös und biegsam, mit Ausbrüchen, silberner und tönender Beredsamkeit, aber stets ohne Härte. Der vollkommene Lehrer muß mehr besitzen als körperliche Schönheit und erworbene Künste; er muß die Erhabenheit einer Seele haben, die für ihre Aufgabe glüht. Wenn ein solcher Mensch spricht, scheinen seine Worte wie durch Zauberei bis in den tiefsten Winkel der Seele zu dringen. Hypnotiseure und Zauberer* (Montessori, 1913, S. 449f).

3. Freiheit, Persönlichkeit und Selbsterziehung an Montessori-Schulen und in Kinderhäusern

Maria Montessoris pädagogische Lehre (vgl. hier und im folgenden Barbera, 1919; Montessori, 1966, 1969, 1972, 1989, 1994) ist durch die Forderung nach Selbsttätigkeit und Freiheit im Leben der Kinder gekennzeichnet. Ihr erstes Werk erschien 1909 und wurde 1913 in deutscher Sprache unter dem Titel *Selbsttätige Erziehung im frühen Kindesalter* veröffentlicht. Mit ihrer Lehre wollte sie die alte Schule der Erziehung reformieren und durch neue 'selbsttätige' Menschen die Voraussetzung für eine neue, bessere Gesellschaft schaffen. Die Forderung nach Selbsttätigkeit und Freiheit in der Erziehung sind Anknüpfungen an die bürgerlich-demokratischen Forderungen Rousseaus und Pestalozzis (vgl. Barow-Bernstorff, 1979, S. 278f).

In den Montessori-Schulen wird Freiheit und Ungezwungenheit als Voraussetzung für ein sinnvolles Arbeiten der Kinder angesehen. Will der Erzieher die Bedürfnisse und Fähigkeiten jedes einzelnen Schülers kennenlernen, muß im Klassenzimmer eine ungezwungene Atmosphäre herrschen. Nur so kann das Kind in der Schule eine abgerundete Allgemeinbildung erhalten und können Geist, Charakter und körperliche Anlagen zur bestmöglichen Entwicklung gebracht werden.

Freiheit stellt für das Kind eine Notwendigkeit dar. Sie bewirkt das körperliche Wohlbefinden der Schüler und die bestmögliche Erziehung ihres Charakters zur Unabhängigkeit. Maria Montessori fordert körperliche Bewegungsfreiheit (statt stillsitzen) und geistige Aktivität (statt bloßer Fügsamkeit). 'Freiheit ist Aktivität'. Freiheit ist Voraussetzung für das Sammeln von Erfahrungstatsachen. Das Leben erfordert Aktivität. Kinder werden für das Leben erzogen, wenn man sie lehrt, sich zu bewegen und tätig zu sein. Eine Begrenzung dieser Freiheit zeigt sich darin, daß alles, was nicht für die Gruppe im ganzen am besten ist, unterdrückt wird. Es müssen Impulse entwickelt werden, die zu nützlicher und sinnvoller Leistung hinführen (vgl. Dewey & Dewey, 1970, S. 28f).

Freizügigkeit im Klassenzimmer

Die Kinder können umhergehen, miteinander reden, ihre Stühle und Tische nach Belieben umstellen, individuell ihre Arbeit aussuchen und solange daran verweilen, wie sie wollen. Die Einrichtung der Kinderhäuser wurde ganz an das Kind angepaßt, an seine Größe und an seine Kräfte. Stühle, Bänke und Tische sollten möglichst leicht sein, damit die Kinder sie transportieren können, sich ihren Platz aussuchen können und die Freiheit haben sich frei zu bewegen. In anderen Schulen wurden damals möglichst schwere Gegenstände verwendet und Tische und Bänke angeschraubt, damit die Schüler sie nicht umschmeißen konnten. Montessori war es aber lieber, daß mal ein Stuhl mit viel Krach umfiel und das Kind daran sah, daß es sich ungeschickt bewegt hatte. Die Kinder sollten auf diese Art lernen sich anmutig zu bewegen und ihre motorische Geschicklichkeit verbessern. Dazu gibt es noch eine Beobachtung: Eine Lehrerin hatte eine Tafel, natürlich in Höhe der Kinder, anbringen lassen und unter der Tafel befanden sich Buchstaben, mit denen an der Tafel gearbeitet werden sollte. Nun Stand die Tafel auf einer sehr wackeligen Halterung und fiel immer wieder runter wenn die Kinder an ihr arbeiteten. Dabei fielen auch jedesmal die Buchstaben um. Die Lehrerin bestellte nach einiger Zeit einen Handwerker, um die Tafel fester montieren zu lassen, stellte aber kurz darauf fest, daß dies gar nicht mehr notwendig wahr, da die Kinder gelernt hatten so geschickt an der Tafel zu arbeiten, daß diese nicht mehr umfiel.

Die Möbel im Kinderhaus sollten auch schön und harmonisch aussehen, und wenn möglich, abwaschbar sein, damit die Kinder sie selber pflegen lernen und können. Die Kinder benutzten auch richtiges Geschirr und keine Blechschüsseln, auch um zu lernen, daß man es vorsichtig behandeln muß. Schränke, Schubladen, Kleiderhaken und Waschschüsseln waren kindgerecht, damit das Kind alles selber tun konnte. Selbst Bilder wurden in der Höhe der Kinder aufgehängt und konnten von ihnen gewechselt werden. Die Kleider waren schön aber einfach anzuziehen, somit konnten die Kinder auch dieses selbst tun.

Die Kinder sollten auch lernen, Dinge sauber zu halten und deshalb waren auch Arbeitsgeräte wie zum Beispiel Besen in kindgerechter Größe. Die Kinder sollten die Arbeit selber tun und so lernten sie auch unnötige Arbeit zu vermeiden.

Aktive Disziplin

Was ist Disziplin? Zu Zeiten Montessoris war damit ein Kind gemeint, das nicht aufmuckte egal was passierte. Sie ist auch der Meinung, daß ein künstlich still gemachter Mensch, stumm und gelähmt, nicht diszipliniert sondern geduckt ist. Nach Montessori ist ein Mensch diszipliniert, wenn er Herr seiner selbst ist und folglich über sich selbst gebieten kann, wo es gilt eine Lebensregel zu beachten. Die aktive Disziplin ist ein hohes vielleicht das höchste erzieherische Prinzip. Wo sind aber nun die Grenzen bei der Freiheit, die die Kinder haben sollen? Die Grenze der Freiheit muß das Gemeinwohl sein. Das Kind darf nichts tun was andere kränken oder ihnen sogar schaden könnte. So holt zum Beispiel nie ein Kind einem anderen sein Arbeitsmaterial weg, nur weil es sich selber gerne damit beschäftigen möchte. Um diese Disziplin zu erreichen, muß der Lehrer mehr Beobachter sein und darf nur eingreifen, wenn die Handlungen des Kindes unnütz oder schädlich sind. Spielerische Handlungen zum Beispiel sind unnütz und dienen nicht dem Gemeinwohl. Der Lehrer darf ansonsten keine Handlungen unterbieten und dem Kind schon gar nicht irgendwelche Handlungen aufzwingen. Das Kind soll zur Aktivität und Arbeit im Guten erzogen werden und nicht zur Unbeweglichkeit und Passivität. Das Kind soll auch gehorsam sein, aber es muß so vorbereitet werden, daß es gehorchen kann, es muß seinen Handlungen Herr sein und sie nach dem Wunsch einer anderen Person dirigieren können. So kann zum Beispiel ein hyperaktives Kind nicht auf Befehl ruhig stehen, weil es seine Handlung, seine Muskeln, nicht beherrschen kann. Dabei nützt es auch nichts, das Kind anzuschreien und es ihm zu befehlen. So wurde zum Beispiel beobachtet, daß ein Kind, das in seine Arbeit vertieft war, wenn es von der Lehrerin aufgefordert wurde etwas zu singen, diesem Wunsch sofort ohne zu murren nachkam, und nach dem höflichen Akt des Vorsingens an seine Arbeit zurückkehrte. Nur sehr junge Kinder konnten ihre Handlung noch nicht ganz soweit beherrschen und machten zuerst ihre Arbeit fertig, bevor sie bereit waren der Aufforderung der Lehrerin nach zu kommen.

Interessant ist auch die Disziplin, die während den Mahlzeiten in einem Montessori Kinderhaus herrscht, ohne daß eine Erzieherin eingreifen müßte. Die Kinder, auch wenn sie erst vier sind, decken alleine den Tisch, tragen Tabletts mit mehr als fünf Gläsern und stellen die Suppe auf den Tisch ohne etwas zu verschlappern. Die Kinder die während des Essens Servierer sind, waren so aufmerksam, daß kein Kind vor einem leeren Teller sitzt, da es sofort wenn es fertig ist nachgereicht bekommt, ohne etwas sagen zu müssen. Hat es keinen Hunger mehr, wird der Teller sofort entfernt. Das Ganze läuft sehr ruhig und diszipliniert ab und zumeist wird nicht einmal die Tischdecke beschmutzt. Montessori ist der Meinung, daß Disziplin leichter durch unerschütterliche Würde und Haltung zu erreichen ist, als durch Anbrüllen und diktatorische Ausbrüche.

Unter einer wohldisziplinierten Klasse versteht Maria Montessori *ein Zimmer, in dem sich alle Kinder nützlich, verständig und mit freiem Willen bewegen, ohne ein rohes oder ungehöriges Benehmen. Es soll keine Unterwerfung unter äußeren Zwängen stattfinden, sondern die Fähigkeit zu unabhängigem Handeln gezeigt werden* (vgl. Dewey & Dewey, 1970, S. 29).

Auf Freiheit gegründete Tätigkeit als leitendes Prinzip der Montessori-Pädagogik

Das Kind soll praktische Fähigkeiten für die Verrichtungen des täglichen Lebens erwerben. Z.B.: lernen, wie das Kind auf sich selbst achtgeben und sich pflegen kann. Maria Montessori geht davon aus, daß das Kind mit vorgegebenen Fähigkeiten geboren wird und diese sollen entfaltet werden. Das Kind lernt, sich seiner Umgebung anzupassen, um selbständig, unabhängig und glücklich zu werden. Bekommt das Kind nicht die Chance, seine Fähigkeiten vollkommen zu entwickeln, wird es in der Entfaltung seiner Lebenskräfte gehemmt. Oberstes Ziel ist die aktive Förderung der normalen Entwicklung des Kindes (vgl. Dewey & Dewey, 1970, S. 31).

Unabhängigkeit und Selbständigkeit

Das Kind ist von Anfang an von sozialen Bindungen umgeben, die seine Aktivität und seine Freiheit einschränken. In seinem ersten Lebensjahr ist es vollkommen von der es pflegenden und stillenden Person abhängig. Danach hat es die Möglichkeit, sich z. B. für einen Brei frei zu entscheiden und einen anderen abzulehnen. Es kann sich aber immer noch nicht alleine waschen und anziehen, sich nicht frei fortbewegen oder deutlich verständlich machen. Nach drei Jahren sollte das Kind soweit frei sein, daß es nicht auf direkte Hilfe angewiesen ist, also selber laufen, essen, sich anziehen, sich waschen und seine Wünsche äußern kann.

Um diese persönliche Freiheit zu erreichen, muß das Kind gelenkt werden. Es ist
schwieriger und erfordert mehr Geduld dem Kind beizubringen wie man ißt, sich
wäscht und kleidet als diese Arbeit dem Kind immer wieder abzunehmen und
ihm zu helfen. Man darf dem Kind nicht alles abnehmen und es bedienen. Man
darf ihm nur behilflich sein, sich eine nützliche Handlung zu eigen zu machen.
Ein Vergleich: Der Herr der sich von seinem Sklaven alles tun läßt wird abhängig
und zumindest seine körperlichen Fähigkeiten verkümmern.

Wenn man das Kind die Dinge nicht selbst tun läßt, auch wenn die Ausführung
am Anfang noch so ungeschickt ist, muß man sich nicht wundern, wenn es die
Dinge im Alter von zwei, drei oder vier Jahren noch nicht beherrscht. Nur der
Mensch, der aus sich heraus handelt, der seine Kraft für sein eigenes Tun einsetzt
wird *Herr seiner selbst*, erweitert seine Fähigkeiten und vervollkommnet sich.

Wir scheuen uns zum Beispiel nicht davor, ob absichtlich oder aus Unachtsam-
keit ein Kind bei einer Handlung zu unterbrechen, nur weil wir ihm helfen wollen. So gibt es beispielsweise folgende Beobachtung von M. Montessori. In einem Klassensaal wurde ein kleiner Schwimmbecken aufgestellt mit einem
Schwimmkörper darin. Die Kinder drängten sich sofort neugierig um den Pool
und betrachteten den Gegenstand. Ein kleiner Junge, einige Jahre jünger als die
anderen, wollte ebenfalls sehen, was in dem Pool war, konnte aber nicht über die
anderen hinwegsehen. Er versuchte zuerst sie beiseite zu schieben, um sich einen
Weg zu bahnen, mußte aber bald feststellen, daß er dazu viel zu schwach war.
Sein Gesichtsausdruck war aber voller Spannung und Begeisterung. Er überlegte
einen Augenblick und ging dann auf einen Stuhl in einer Ecke des Zimmers zu.
Die Lehrerin, die keine Gelegenheit hatte ihn die ganze Zeit zu beobachten, sah
nur, daß der Junge sich abwande und dachte er sei enttäuscht, weil er nichts sehen
konnte. Sie nahm ihn auf den Arm, tröstete ihn und ließ ihn über die Köpfe der

anderen in den Pool schauen. Das Gesicht des Jungen zeigte aber eher Enttäuschung und vor allem Frustration, weil er das Problem nicht selber lösen durfte, schließlich wollte er sich gerade einen Stuhl nehmen, um sich darauf zu stellen um etwas sehen zu können. Er betrachtete von dem Arm der Lehrerin auch mehr den Stuhl in der Ecke als das Geschehen im Pool.

In einem anderen Beispiel war ein kleiner Junge damit beschäftigt Steinchen in einen Eimer zu tun. Ein Erwachsener sah dies und half ihm. Daraufhin kippte der Junge die Steinchen wieder aus und begann von vorne den Eimer zu füllen. Für ihn war *nicht* der volle Eimer und der Besitz der Steinchen wichtig, sondern der Akt des Füllens.

Diese Beispiele zeigen auch die Tatsache, daß für Kinder der *Weg* etwas zu tun sehr viel wichtiger ist als das zu erreichende *Ziel*.

Um so schlimmer ist es, wenn wir das Kind unterbrechen und ihm helfen etwas zu tun, wobei wir es ja meistens gut meinen. Selber aber können wir sehr empfindlich reagieren, wenn wir in unserer Arbeit gestört werden oder sie uns plötzlich jemand wegnimmt und wir sie nicht mehr selbst tun können. Auch wir sind zufriedener, wenn wir selber etwas geschaffen oder geschafft haben.

Für Maria Montessori war auch immer wichtig, daß ein Kind sich längere Zeit, normalerweise bis zur Lösung der Aufgabe, die es sich gestellt hatte, mit ein und der selben Sache beschäftigte. Der Wert des charakterfesten liegt nach Montessori in der Entschlossenheit und der Beständigkeit etwas zu tun.

Weiterhin ist Maria Montessori der Auffassung, daß das Kind Selbständigkeit durch praktische Übungen erlangt. Als Beispiele werden aufgeführt:

Aufräumen des Klassenzimmers; Wahl der Materialien und anschließendes aufräumen; besorgen der Dinge, die benötigt werden; Wahl des Arbeitsplatzes;

Werkzeuge in Ordnung bringen; beim Lunch: Tisch decken, auftragen, abräumen, abwaschen sowie kümmern um nützliche Haustiere.

Selbständigkeit bezüglich dieser Dinge sollen die Kinder äußerst früh erlangen, damit sie jüngeren Kindern diese Erfahrungen nahebringen können (vgl. ebd., 1970, S. 31f).

Das Erziehungsziel

Maria Montessori formulierte ihr Erziehungsziel folgendermaßen: *Selbsttätige Entwicklung der Persönlichkeit nach der Seite des Geistes, des Gemütes und der physischen Kräfte.* Die selbsttätige Entwicklung, d.h. die Entwicklung von innen heraus, ist dann gewährleistet, wenn der kindlichen Entwicklung durch die Umwelt kein Hindernis entgegengesetzt wird. Die Aufgabe des Erwachsenen bei dieser selbsttätig vor sich gehenden Erziehung beruht darauf, *das Kind zu entdecken* und es dann *zu befreien.* Befreiung meint das Beschaffen einer freien Bahn für die spontane Entwicklung, indem das Milieu entsprechend gestaltet wird. Die Umwelt muß *das Wachstum des Kindes begünstigen, indem sie alle Hindernisse auf ein Mindestmaß reduziert.* Hierbei muß der Erwachsene *sich den Bedürfnissen des Kindes anpassen, ihm zu seiner Unabhängigkeit verhelfen.* Der Erwachsenen darf dem Kind nicht *zum Hindernis werden und darf sich ihm nicht bei der für sein Heranreifen wesentlichen Tätigkeit substituieren* (Barow-Bernstorff, 1979, S. 280f). Der Erwachsene darf sich dem Kind nicht substituieren meint, daß er nicht Tätigkeiten an Stelle des Kindes ausführen und dem Kind nicht seinen Willen einflößen darf. Das Kind soll *selbst* und nach *seinem* kindlichen Willen tätig sein.

Es darf nicht passieren, daß der Erwachsene durch das Kind handelt. In Experimenten hat man Versuchspersonen durch Suggestion dazu gebracht, daß sie ihre eigene Persönlichkeit unterdrückt haben und eine fremde an ihre Stelle treten ließen. Es gibt einen Lebensabschnitt in der Kindheit, der für Suggestion besonders zugänglich ist, in dem eine schöpferische Empfänglichkeit für von außen kommende Eindrücke vorherrscht. *In diesem Stadium kann der Erwachsene sich in die Kinderseele einschleichen und mit seinem Willen den noch in Formung befindlichen kindlichen Willen beeinflussen.*

Dies beweist ein Beispiel, das Maria Montessori selbst erlebt hat: Sie beobachtete, wie ein zweijähriges Kind ein paar gebrauchte Schuhe auf das weiße Laken eines frischgemachten Bettes stellte. Sie ergriff die Schuhe mit einer spontanen und unbeabsichtigten Bewegung, stellte sie auf den Fußboden, sagte, daß sie schmutzig seien und strich mit der Hand über die Stelle des Lakens, wo die Schuhe standen. Seither stürzte das Kind auf jedes Paar Schuhe, die es sah, stellte sie weg, sagte, daß sie schmutzig sind und strich mit der Hand über das Bettlaken, obwohl die Schuhe niemals damit in Berührung gekommen waren.

Ein weiteres Beispiel: Eine Mutter erhielt zu ihrer Freude ein Paket, öffnete es und fand darin ein Stück Seide, das sie ihrem Töchterchen reichte und eine Spielzeugtrompete, die sie selber zum Mund führte und ertönen ließ. Das Kind rief fröhlich: „Musik!". Noch geraume Zeit nachher strahlte das Kind vor Glück und rief „Musik!", so oft es Gelegenheit erhielt, ein Stück Stoff zu berühren (vgl. Montessori, 1994, S. 97f).

Verbote stellen einen besonders günstigen Boden für das Eindringen eines fremden Willens in die Handlungen des Kindes dar.

Ein Beispiel: Ein vierjähriges Mädchen war mit ihrer Großmutter alleine zu Hause geblieben. Das Kind wollte offensichtlich den Hahn eines Wasserbeckens im Garten öffnen, um den Springbrunnen zu aktivieren. Im letzten Moment zog es die Hand wieder weg. Die Großmutter erlaubte es ihr, aber das Mädchen sagte: „Nein, das Fräulein hat es verboten." Die Großmutter versuchte daraufhin das

Kind zu überzeugen, daß sie es erlaubte. Aber sein Gehorsam gegenüber dem Verbot des abwesenden Kindermädchens war so mächtig, daß das Zureden der Großmutter nichts brachte.

Die leichte Beeinflußbarkeit der Kinder ist eine Übersteigerung der inneren Empfänglichkeit, die Maria Montessori *Liebe zur Umwelt* nennt. Das Kind wird von Dingen in seiner Umgebung, die es beobachtet, angezogen. Handlungen von Erwachsenen wirken faszinierend auf das Kind; es möchte sie kennenlernen und nachahmen. Aufgabe des Erwachsenen ist es, das Kind bei seinem Tun anzuregen. Dies kann er verwirklichen, indem er stets ruhig ist und seine Handlungen langsam ausführt. So wird dem beobachtenden Kind jede Bewegung in allen Einzelheiten klar. Gibt sich der Erwachsene hingegen seinen eigenen, schnellen und gewaltsamen Rhythmen hin, so hat dies leicht zur Folge, daß er auf dem Weg der Suggestion seinen eigenen Willen an die Stelle des kindlichen setzt. Gegenstände selbst können eine *Art suggestive Gewalt* auf das Kind ausüben. Sie können die Tätigkeit des Kindes magnetisch anziehen.

Hierzu wurde ein Experiment mit normalen und geistesschwachen Kindern durchgeführt: Auf einem langen Tisch befinden sich die verschiedensten Dinge, darunter auch Montessori-Lehrmaterial. Zuerst wird eine Gruppe von Kindern beobachtet, die sichtlich von den Gegenständen angezogen wird und sich dafür interessiert. Sie sind lebhaft, lächeln und scheinen glücklich über die Fülle der vor ihnen ausgebreiteten Dinge. Jedes von ihnen sucht sich einen Gegenstand aus, tut etwas damit und greift nach dem nächsten. Dann erscheint eine zweite Kindergruppe. Die Kinder bewegen sich langsam, bleiben stehen, schauen, greifen kaum nach einem Gegenstand und verharren in scheinbarer Tätigkeit. Welches waren nun die geistesschwachen und welches die normalen Kinder? Die lebhaften, fröhlichen Kinder, die alles ausprobieren wollten, waren die geistesschwachen Kinder. Man ist dazu geneigt, lebhafte, fröhliche, von einem Gegenstand zum anderen eilende Kinder für intelligent zu halten. Aber in der Realität *bewegen sich normale Kinder ruhig, sie stehen gerne lange an einer Stelle und starren ein Objekt an, so als ob sie tiefe Betrachtungen darüber anstellen* würden. Kennzeichen eines normalen Kindes *sind Ruhe, sparsame, gemessene Bewegungen, Neigung zur Nachdenklichkeit.*

Den Gegensatz zu allen vorherrschenden Ansichten erklärt Maria Montessori dadurch, daß bei den normalen Kindern *die langsamen, kontrollierten Bewegungen wirklich vom eigenen Ich beherrscht werden und der Vernunft unterworfen sind.* Das Kind ist *Herr über die Suggestion, die von den Dingen ausgeht und verfährt mit diesen Dingen nach freiem Ermessen.*

Die Selbstbeherrschung des Kindes ist wichtig. Normale Kinder sind in der Lage, sich gemäß der Leitung durch ihr Ich zu bewegen. Sie lassen nicht nur die Anziehungskraft der äußeren Dinge auf sich wirken. In dieser vorsichtigen, nachdenklichen Art, Bewegungen auszuführen drückt sich eine Ordnung aus, die man innere Disziplin nennt. Ist diese innere Disziplin nicht vorhanden, *dann entgleiten die Bewegungen den von der Persönlichkeit gesetzten Richtlinien*, d.h. *sie werden zum Spielball jedes fremden Willens und aller äußeren Eindrücke* (vgl. Montessori, 1994, S. 97ff).

So ungelöst und unbefangen sich Kinder in Montessori-Klassen bewegen, machen sie den Eindruck einer außerordentlichen Diszipliniertheit. Jeder ist mit seiner frei gewählten Arbeit beschäftigt und es wird ruhig gearbeitet. Die Lehrerinnen tragen große Verantwortung für das, was sie aussprechen, da die Kinder alles tun, was gesagt wird. Trotzdem handeln sie selbst und verfügen über ihre Zeit nach eigenem Ermessen. Verspätet sich die Lehrerin oder muß sie Kinder einmal alleine lassen, so nehmen sich die Kinder von selbst die Lernmaterialien, arbeiten damit und bringen das Klassenzimmer danach wieder in Ordnung. Das ordentliche und disziplinierte Zusammenwirken der Kinder führt sie zur Freiheit (vgl. Montessori, 1994, S. 134).

Umgang mit den Materialien - Begrenzung der Freiheit

Die Kinder dürfen ihre Beschäftigung frei aus dem Montessori-Material auswählen. Bei der Benutzung des Materials sind sie streng an die zur Übung festgesetzten Regeln gebunden. Die Lehrerin beobachtet die Kinder und korrigiert jegliche Abweichungen. Die Übungen dürfen zwar beliebig oft wiederholt werden (z.b. zehnmal Farbreihen legen) aber die Kinder dürfen z.b. nicht mit den Farbkarten „Memory" spielen. Im Kinderhaus ist das Spielen untersagt. Spielen bezeichnete Maria Montessori *albern* und erkannte es nicht als ein Bedürfnis des Kindes an. Spielen wurde bestraft durch Fortnahme des Materials oder durch vorübergehenden Ausschluß aus der Gemeinschaft (vgl. Barow-Bernstorff, 1979, S. 286).

Belohnung und Strafe

Maria Montessori war sich am Anfang nicht darüber klar, inwieweit Belohnen und Strafen wichtig sind. Allerdings war sie von Anfang an gegen die üblichen demütigenden Bestrafungsmethoden ihrer Zeit. Als erstes wurde daher das Arbeitsmaterial so beschaffen, daß dem Kind gemachte Fehler selber auffallen und es sie selber ausgleichen kann. Es muß nie von einem Lehrer für eine falsche Lösung einer Aufgabe getadelt oder gar bestraft werden, es kann den Fehler selber korrigieren.

Macht ein Kind bei einer Aufgabe Fehler, erhält es keinen Hinweis darauf, sondern ein Unterrichtsabbruch erfolgt, der eine Unterrichtsaufnahme zu einem späteren Zeitpunkt erfordert. Ein Fehler seitens des Kindes signalisiert dem Lehrer, daß es zum entsprechenden Zeitpunkt für *die psychische Assoziation*, die in ihm hervorgerufen werden sollte, nicht in der Lage war. Folglich muß dafür ein anderer Zeitpunkt gewählt werden. Tadelnde Worte haften im Geist des Kindes und beeinträchtigen das Lernen. Stille, die auf Fehler folgt, macht das Bewußtseinsfeld frei, was als Voraussetzung für den folgenden Unterricht gilt (vgl. Dewey & Dewey, 1970, S. 37).

Kinder, die ihre Klassenkameraden stören und die Zurechtweisungen der Lehrer nicht beachten, werden vom Arzt untersucht. Bestätigt der Arzt, daß es sich um eine normales Kind handelt, wird es an einen Tisch in eine Ecke gesetzt, es durfte selber nicht mehr handeln. Abgesondert von den Klassenkameraden beobachtet es diese bei ihrer Arbeit. Dabei wurde es behandelt als sei es krank oder hilfsbedürftig, bekam was es wollte und wurde immer wieder von der Erzieherin gestreichelt. Kurzum es wurde bemitleidet. Die anderen Kinder der Gruppe, die derweil arbeiteten, wurden mit Interesse bedacht und auch mal gelobt. Die anderen Kinder nahmen also deutlich eine würdigere Haltung ein und waren stolz arbeiten zu können. Der Wunsch eine solche Stellung einnehmen zu können, sollte das isolierte Kind überkommen.

Diese Vorgehensweise beruhigte fast immer die Kinder und war ihnen eine wirksame Lektion, welche nicht durch Reden der Lehrerin übertroffen werden konnten. Dem Kind wird bewußt, wieviel es ihm bedeutet, zur Gemeinschaft zu gehören und möchte wieder mit seinen Kameraden zusammenarbeiten. Ermahnungen werden nur in Ruhe ausgesprochen. Das Kind erhält den Hinweis, daß es stört oder unartig ist und wie es sich verhalten soll.

Interessant ist folgende Beobachtung: In einer Klasse hat ein Kind für eine besonders gute Leistung ein schönes Metallkreuz mit einem Bändchen erhalten. Es hält das Kreuz in der Hand und läuft, geschäftig Sachen hin und her tragend, herum. Ein anderes Kind ist isoliert worden. Als das belohnte Kind am Stuhl des bestraften Kindes vorbeikommt, fällt ihm sein Kreuz herunter. Das isolierte Kind hebt es auf und zeigt dem anderen, daß es das Kreuz gefunden hat. Dieses schaut verächtlich und sagt nur "Was liegt mir daran?" Daraufhin sagt das andere: "Wenn dir nichts daran liegt nehme ich es." "Ja nimm du es", ist die kurze Antwort.

In einem anderen Fall bringt die Lehrerin eine Kiste voller Geschenke mit und erklärt, daß damit die besten Kinder belohnt werden sollen. Daraufhin erklärt sofort einer der begabtesten Jungen: "Aber nicht für uns Jungen, für uns nicht." Er hat trotz seines geringen Alters erkannt, daß er zu den Besten gehört und sofort jede Art von Belohnung abgelehnt.

Diese Beispiele belegen, daß ein mit seiner Arbeit zufriedenes Kind keinerlei Belohnung bedarf. Sie sind Stolz arbeiten zu können und mit Interesse bedacht zu werden. Sie konnten dadurch eine würdige Haltung einnehmen.

Die Ruhe und Disziplin bei der Arbeit entstehen durch die mütterlich heitere Art der Lehrerinnen und deren beherrschte Haltung. Sie schreien und lärmen nicht, sondern reden immer mit Würde und in einem natürlichen Ton. Diese Haltung überträgt sich auf die Kinder. Auch Geduld spielt eine große Rolle. Als Belohnung dient die Selbstzufriedenheit der Kinder und das Interesse für ihre Arbeit. Als Strafe dient der Ausschluß aus der Gruppe und das Mitleid.

Aufgrund der Freiheiten, d.h., daß sich die Kinder die Arbeit und den Zeitpunkt der Erledigung aussuchen dürfen, das Umhergehen und das miteinander Reden, werden die Kinder seltener Unruhig und es muß bis auf kleinere Verstöße und Nachlässigkeiten kaum auf Bestrafungen zurückgegriffen werden (vgl. Dewey & Dewey, 1970, S. 30).

Selbsterziehung des Kindes

Inwieweit ist die Selbsterziehung eigentlich *wirklich* eine Selbsterziehung? Die Kinder werden geleitet, gelobt, bestraft und haben sogar Gebote und Verbote an die sie sich halten müssen. Die Kinder in den Kinderhäusern erziehen sich ja nicht wirklich selbst. Auch M. Montessori besteht nicht unbedingt auf diesen Begriff. So hat sie zum Beispiel in einer amerikanischen Übersetzung eines ihrer Bücher auf diesen Begriff bewußt verzichtet.

Die Kinder *sollen lernen etwas selbst zu tun, lernen etwas selbst tun zu lernen.* Dieser Gedanke führte zu den Kinderhäusern und deren Einrichtung. Umgebung, Mittel und Methoden sind wichtig zur Erziehung von Kindern. Die Kinder werden gelenkt also erziehen sie sich nicht selbst. Sie bringen sich aber selber Sachen bei. Dies ist die eigentliche Selbsterziehung. Das Kind soll seine Persönlichkeit selbst organisieren.

Die Selbsterziehung erweist sich als einfach liebevoll vorbereitete und mütterlich regulierte Erziehung, die auf neue Art und Weise durchgeführt wird. Statt *Selbsterziehung* sollte man besser *Anleitung des Kindes zu selbständigem Handeln in der auf das Leben hingeordneten Schule* sagen. Eine Anleitung, die von einer mütterlichen Erkenntnis der Kinderseele gelenkt, von sanfter Behandlung gefördert und durch eine sorgsamere Vorbereitung der Umgebung unterstützt wird.

Hat das Kind beispielsweise das Prinzip einer Werksache erkannt und ist mit dem Arbeitsmaterial vertraut, hat die Lehrkraft nur noch beobachtende Funktion. Der Schüler hat sich nun mit einem eindeutigen Problem auseinanderzusetzen. Die Lösung erhält er durch die Beschäftigung mit dem Material. Indem das Kind auftretende Fehler einsieht und verbessert, erzieht es sich selbst.

Ein Beispiel dafür, daß nur ein vollkommenes Ergebnis zählt, ist der Turm aus Holzwürfeln, der nur entstehen kann, wenn sie der Größe nach aufeinandergesetzt werden. Ein Fehler fordert das Kind zu einem neuen Versuch auf. Maria Montessori ist es besonders wichtig, daß ihre *didaktischen Materialien die Korrektur selbst hervorbringen* (vgl. ebd., 1970, S. 38)

Bei Maria Montessori fungiert der Erzieher als Beobachter, der für die bestmögliche Organisation des Milieus verantwortlich ist. Theoretisch lehnt sie die führende Rolle des Erziehers ab, was in der Praxis aber anders aussieht. Der Erzieher muß jedem Kind den Umgang mit dem Material zeigen, da es von sich aus ganz anders damit umgehen würde. Das Montessori-Material wäre ohne die führende Rolle des Erziehers seines Erziehungseffektes beraubt. Sie konnte *das Problem der pädagogischen Führung und Selbsttätigkeit nicht lösen.* In ihren Kinderhäusern herrschte eine uneingeschränkte Führung der Erwachsenen in einer versteckten Form vor.

Obwohl Montessoris Wirken von der Liebe zum Kind getragen war, kritisieren wir ihr pädagogisches Gesamtsystem heute in großen Teilen. Es schließt eine Fülle pädagogisch nicht vertretbarer Einseitigkeiten in sich, die eine allseitige Entwicklung der Kinder, wie sie im Kindergarten angebahnt werden soll, verhindern würde. *Lediglich ihre Ansichten über die Bewegungs- und Sinnesschulung der Vorschulkinder haben für uns noch bedingten Wert* (Barow-Bernstorff, 1979, S. 287f).

Maria Montessori versus Amerikanische Reformer

Maria Montessori und amerikanische Reformer (vgl. hier und im folgenden: Dewey & Dewey, 1970, S. 41ff) haben unterschiedliche Meinungen darüber, wie man Freiheit am besten wirksam werden lassen kann. Schüler in einer Montessori-Klasse genießen *große physische Freiheit* erfahren aber *intellektuelle Einschränkungen bezüglich Freiheit.* Das Ziel lautet: *Aneignung von Erkenntnissen und Erfahrungen sowie Entwicklung von Geschicklichkeit und Beweglichkeit.*

Die Schüler bearbeiten und korrigieren die Materialien selbständig. Das Material darf frei gewählt werden. Allerdings ist genauestens festgelegt, in welcher Weise die Bearbeitung zu erfolgen hat. Maria Montessori glaubt, daß man das Leben am besten *durch Situationen meistern lernen kann*, die nicht typisch für das soziale Leben sind, sondern eigens dafür angelegt wurden, einen bestimmten Sinn zu üben, so daß die Fähigkeit entsteht, unterscheiden und vergleichen zu können.

Maria Montessori geht davon aus, daß der Mensch fertige Fähigkeiten mitbringt, die man üben und auf allgemeine Ziele hin ausrichten kann, auch ohne daß die Handlungen, durch die das geschieht, eine direkte Beziehung zum Leben haben. D.h., daß das Kind mit Fähigkeiten zur Welt kommt, die bei der Geburt noch nicht entwickelt sind, sich aber durch geeignete Maßnahmen entfalten lassen und somit auf andere Aufgaben anwendbar werden.

Die Pädagogen in Amerika sind davon überzeugt, daß Geschicklichkeit nur durch entsprechende Methoden erlangt wird. Ein Schüler kann eine große Gewandtheit in der Ausführung einer besonderen Übung zur Unterscheidung von Qualitäten - wie beispielsweise die der Länge und die der Farbe eines Gegenstandes - erlangen. Orientieren sich diese Übungen nicht an den Dingen, die in wirklichen Lebenssituationen vorkommen, machen sie den Schüler nicht notwendig erfolgreicher hinsichtlich dieser Qualitäten. Das Kind kommt also nicht mit fertigen Fähigkeiten zur Welt, die nur entfaltet werden müssen. Nur an typischen Situationen des sozialen Lebens kann das Kind lernen, sein Leben zu meistern. In den amerikanischen fortschrittlichen Schulen ist mit Freiheit des Kindes gemeint, daß das Kind freier ist, *seine Sinnesfähigkeiten und seine Urteilskraft auf Situationen anzuwenden*, die für das Leben *typisch* sind. Diese Situationen sind sozialer Art und das setzt voraus, daß die Kinder an gemeinsamen Aufgaben zusammenwirken. Die Mithilfe des Lehrers ist gestattet, denn auch im realen Leben sucht man Rat und Hilfe anderer. Der Lehrer leistet Beistand.

Didaktische Materialien in Montessori-Schulen beinhalten Übungen, *die eine bestimmte einzelne Sinnesfähigkeit ausbilden - eine Situation, die im Leben nie derart auftritt.* Amerikanische Reformer sehen darin einen größeren Freiheitsentzug als im Zwang des gemeinsamen Ausführens von Tätigkeiten. Kinder sollen lernen, andere ihre Aufgaben zur Vollendung bringen zu lassen, aber auch sinnvoll mit ihnen zusammenzuarbeiten. Man sollte darauf achten, daß nicht nur die Fähigkeit einzelner Sinne zum Unterscheiden und Vergleichen geübt wird. Didaktisches Material sollte vielfältig sein und Probleme bieten, mit denen man in realen Lebenssituationen konfrontiert wird. Übereinstimmung herrscht über den Grad an Freiheit im Klassenraum, der es dem Lehrenden ermöglicht, Fähigkeiten und Interessen des Kindes kennenzulernen. Eine künstlich erzwungene Atmosphäre kann dies nicht leisten.

Maria Montessori sagt, daß die Freiheit für jede wahre Erziehung unmittelbar notwendig ist, denn in der demokratischen Gesellschaft kommt es auf Initiative und selbständiges Handeln an. Außerdem wird von jedem Staatsbürger erwartet, daß er sich an Aufgaben beteiligt, die der Allgemeinheit gestellt werden.

Tabelle 1

Übersicht

Maria Montessori	Amerikanische Reformer
• Kinder bearbeiten und korrigieren Materialien selbständig.	• Das Kind ist freier, seine Sinnesfähigkeit und seine Urteilskraft auf Situationen anzuwenden, die für das Leben typisch sind.
• Jedes Kind arbeitet für sich.	• Kinder wirken an gemeinsamen Auf-

	gaben zusammen.
• Es ist genau festgelegt, in welcher Weise die Bearbeitung zu erfolgen hat.	
• Lehrer als Beobachter	• Mithilfe des Lehrers
• Das Kind kommt mit Fähigkeiten zur Welt, die bei der Geburt noch nicht entwickelt sind, sich aber durch geeignete Maßnahmen entfalten lassen.	• Nur an typischen Situationen des sozialen Lebens kann das Kind lernen, sein Leben zu meistern.
• Materialien, die nur eine einzige Sinnesfähigkeit ausbilden	• Materialien, die eine vielfältige Sinnesschulung zulassen

4. Bildung durch lebendiges und selbsttätiges Tun sowie Förderung der Sinne über das Montessori-Material an Schulen

Der Begriff Bildung wird vom italienischen Begriff *cultura* abgeleitet. Man kann diesen Begriff nicht mit dem deutschen Begriff Kultur oder Bildung, wie er heute in der Pädagogik verwendet wird, übersetzen. Der von Montessori verwendete Begriff beinhaltet vielmehr beide Bedeutungen und dazu noch weitere Aspekte wie beispielsweise den der Ausbildung, der Schulbildung oder der Bildungsinhalte.

Die Aufgabe der heutigen Erzieher und Lehrer ist die Vermittlung festgelegter und bestimmter Kenntnisse und Fertigkeiten. In herkömmlichen Schulen beruht die Vermittlung des *Stoffes auf einem gleichmäßigen langsamen Fortschreiten* (Oswald & Schulz-Benesch, 1966, S. 54), bei dem angenommene Schwierigkeiten aufeinanderfolgen, eine Problemlösung findet in der Regel nicht statt. In Montessori-Schulen hingegen, in denen den Kindern Freiraum zum Arbeiten gewährt wird, entwickelten sie ganz eigene Methoden der Problembewältigung. Die Montessori-Methode zeigt, daß die Kinder nur dann wirklich lernen, wenn sie ganz frei arbeiten können, ohne daß ihnen vom Lehrer bestimmte Methoden vorgegeben werden. Deshalb sind Kinder aus herkömmlichen Schulen meist weit weniger selbständig. Der Lehrer kann den Kindern insoweit behilflich sein, indem er indirekt eingreift, als sozusagen nur Lenker und Leiter ist. Die Kinder lernen, indem sie gewisse Gegebenheiten aus der Umwelt aufnehmen und nicht indem sie die Gewohnheiten des Lehrers übernehmen. Außerdem werden *die Kräfte des Unterbewußtseins in Aktion* (ebd., S. 55) gesetzt, das relativ frei von gesellschaftlichen Konventionen ist.

Trotz der Tatsache, daß der Lehrer Teil der Umwelt der Kinder ist, so können sie nicht nur durch ihn lernen, auch wenn er die Gegebenheiten noch so gut erklären mag. Es gibt nämlich beim Lernen einen direkten geistigen Austausch zwischen Kind und Umwelt. Die Erfahrungen mit dieser Art des freien Lernens werden immer größer, je mehr man den Kindern freie Hand läßt. So war zum Beispiel bei einigen Kindern in einer bestimmten Umgebung ein großes Interesse an der Mathematik zu erkennen. Sie lösten von sich aus die schwierigsten Aufgaben, z.B. Wurzelziehen oder Potenzieren. Auch wurde ein reges Interesse an fremden Sprachen sichtbar. So stellte man fest, daß jeder die Fähigkeit besitzt mehrere Sprachen gleichzeitig zu erlernen.

Bei Montessori-Kindern ist weiterhin zu beobachten, daß sie eng mit der Natur verbunden sind. Sie behalten die schwierigsten Namen im Gedächtnis und klassifizieren Pflanzen und Tiere. Und gerade diese Klassifikationen sollten aus dem Lehrplan gestrichen werden, weil sie eine unnütze Belastung des Gedächtnisses darstellen würden. Die Begeisterung für die Klassifikation wird deutlich an folgendem Beispiel:

Auf den Materialkarten wurden bestimmte Angaben symbolisch dargestellt. Den Kindern bereitete es großen Spaß, diese Karten in eine gewisse Ordnung zu bringen. Dies entsprach keineswegs einer Gedächtnis-, sondern eher einer Bauübung, dem Spiel kleiner Kinder mit Bausteinen oder Sand vergleichbar. Durch dieses Bauen wurden Pflanzennamen, die sonst schnell in Vergessenheit geraten, spielerisch gelernt und im Gedächtnis gesichert. Vergleichbar ist dies mit Rechenoperationen, die aufeinander aufbauen oder mit geschichtlichen Tatsachen, die, nach dem Datum geordnet, eine gewisse Chronologie bilden und somit leichter zu merken sind.

Ebenso ist es mit der menschlichen Sprache. Sie ist auf Klangmustern aufgebaut, die nach bestimmten Regeln zusammengesetzt die Grammatik ergeben und verständliche Sätze entstehen. In diese gelernte Ordnung werden nach und nach die neu erworbenen Begriffe nach bekannten Mustern eingebaut.

Aufgrund dieser Erkenntnisse konnte die Montessori-Methode, ursprünglich für den Kindergarten entwickelt, auf höhere Bildungseinrichtungen ausgeweitet werden. Denn die Eigeninitiative der Kinder darf auch in höheren Schulen nicht unterdrückt werden. Zwar werden die Ansprüche an die Lehrer auch größer, aber ihre Aufgabe besteht weiterhin *im Wecken des Interesses* (ebd., S. 57). Durch das Interesse an einem Gegenstand beschäftigen sich die Kinder länger mit ihm, wodurch die eigenen Erfahrungen gesichert werden. Der Prozeß der Bildung wird gefestigt und ausgebaut. Dies stellt ein Problem für die Lehrer dar, da diese ihre Unterrichtsgrenzen weiter stecken und auf alle möglichen Fragen der Kinder vorbereitet sein sollten. Auffallend bei Montessori-Kindern ist, daß sie nach den Ferien das Gelernte noch wissen und es sogar in manchen Fällen ausgebaut haben. Dies liegt auch daran, daß sie durch das selbständige Lernen aufmerksamer auf ihre Umwelt achten. Oft beginnen Kinder ganz spontan eine Tätigkeit und beschäftigen sich solange damit, bis sie die Lösung selbst gefunden haben, auch wenn es mehrere Tage dauert. So gibt es einige interessante Beispiele von Kindern, die schwierige Aufgaben selbständig und ohne Aufforderung lösen:

• Ein Kind wollte die Karte eines Flusses, mit all seinen Nebenflüssen, zeichnen. Um dies zu bearbeiten, mußte es in vielen geographischen Lexika, die nichts mit seinen Schulbüchern zu tun hatten, nachschlagen. Nun begann es den Fluß mit einem Kompaß und anderen Hilfsmitteln auf Millimeterpapier zu zeichnen.

- Ein Junge stellte sich die Aufgabe, zwei sehr große Zahlen, eine 25-stellige und eine 30-stellige, miteinander zu multiplizieren. Dazu brauchte er allerdings die Hilfe zweier Kameraden, die Papier zusammensuchten und aneinanderklebten. Nach drei aufeinanderfolgenden Tagen, an denen sich die Kinder nur mit dieser Aufgabe beschäftigten, war die Multiplikation gelöst.

- Ein paar andere Kinder wollten das Quadrat des Alphabetes lösen, also eine algebraische Multiplikation des Alphabetes mit sich selbst. Auch bei dieser Bearbeitung mußten etliche Streifen Papier aneinandergeklebt werden, die am Ende eine Länge von ca. 10 m ergaben.

- Ein Kind hatte gelernt, schwierige Bruchaufgaben zu lösen. Nun entwickelte es eine Methode, diese Aufgaben im Kopf zu rechnen. Der Lehrer löste parallel die Aufgabe ebenfalls im Kopf, da er anders nicht in der Lage war, die Aufgabe des Kindes korrekt auszuführen. Nach einer gewissen Zeit nannte das Kind die Lösung, die allerdings falsch war. Es ließ sich davon aber nicht einschüchtern, sondern suchte nach dem Fehler. Nachdem es ihn gefunden hatte, änderte es das falsche Ergebnis in das richtige ab. Diese auswendige Fehlersuche einer bereits im Kopf gelösten, komplizierten Aufgabe, beeindruckte den Lehrer noch mehr als die eigentliche Rechnung.

- Ein anderes Kind zog Quadratwurzeln auf eine Art und Weise, die es selbst entwickelt hatte, allerdings nicht erklären konnte.

- Wieder ein anderes Kind analysierte die Satzstrukturen eines ganzen Buches und änderte seine Beschäftigung nicht, bevor es nach einigen Tagen mit dieser Aufgabe fertig war.

Das besondere an diesen Leistungen ist, daß sie ganz ohne Zwang ausgeführt wurden. Man kann keinem eine Aufgabe geben, deren Bearbeitung mehrere Tage dauert, da unter Zwang kein Interesse an der Arbeit entwickelt wird. Diese Arbeiten, die auf den ersten Blick völlig nutzlos erscheinen, fördern aber auf den zweiten Blick die musischen Fähigkeiten und Interessen der Kinder: In einer indischen Schule, die einen Tanz- und Musiklehrer beschäftigt, haben sich die Kinder oft, wenn der Lehrer noch nicht anwesend war, eigene Rhythmen und Tanzschritte entwickelt, die nichts mit den traditionellen indischen Tanzschritten, die ihnen beigebracht wurden, zu tun hatten. Diese entwickelten Tänze bereiteten den Kindern große Freude und die Melodien waren oft im Schulhaus zu hören.

Durch diese freie Art des Lernens und Arbeitens wird die Aneignung der Bildung viel stärker gefördert als durch aufgezwungenes Arbeiten. Vor allem die Persönlichkeit der Kinder entwickelt sich viel besser sowie der Charakter wird stärker ausgeprägt. Die Kinder werden selbstbewußter, sind eher in der Lage sich an Umgebungen anzupassen und auf unerwartete Situationen zu reagieren. Sie zeigen gegenüber anderen Personen keine Furcht oder Verlegenheit, sind daher eher in der Lage, offen auf sie zuzugehen und mit ihnen umzugehen (vgl. Fisgus & Kraft, 1996; Montessori, 1969).

Der Methode Montessoris begegnete man mit großen Vorurteilen, da sie die Kinder und deren Intellekt zu überfordern schien. Durch eingehende Untersuchungen allerdings wurde klar, daß Kinder, egal welcher Kultur oder Rasse sie angehören, von sich aus solche, für uns sicher manchmal unvorstellbare, Aufgaben lösen. Es ist also ganz natürlich, daß sie sich an die Lösung schwerer Aufgaben wagen. Daß solche Kräfte der Kinder nicht in stärkerem Ausmaß sichtbar werden, liegt vor allem daran, daß wir Menschen uns zu wenig Gedanken um die geistige Entwicklung der Kinder machen und wir die Erziehungsmethoden, die uns zu Teil wurden, auf unsere Kinder weitergeben (Montessori, 1966, 1969).

Selbsttätiges Tun. Kinder heute und ihre Selbständigkeit

Hilf mir es selbst zu tun! hat einmal ein Kind zu Maria Montessori gesagt und damit gleichsam das Wesentliche dieser Pädagogik ausgedrückt: Oberstes Ziel dieser Erziehung ist nämlich die Selbständigkeit des Kindes, wobei das Kind selbst bestimmt, womit es sich wann, wo und wie lange mit etwas beschäftigen möchte. Dieses selbständige Tun, dieses Selbständigwerden sind in der Persönlichkeitsentwicklung des Kindes wichtige und entscheidende Prozesse, die in der heutigen Zeit leider allzuoft behindert werden (Fisgus & Kraft, 1996). Stelle man sich doch einmal unter dem Aspekt des Selbständigwerdens vor, wie unsere Welt in den Augen eines kleinen Kindes beispielsweise aussehen könnte, wie ist es,

- Durst zu haben, den Becher mit Milch auf dem Tisch stehen zu sehen, und ihn nicht erreichen zu können, oder
- trotz Recken die Türklinke nicht fassen können und dann auch noch den Kommentar der Eltern zu hören: *Gott sei Dank, es kann noch nicht aus dem Zimmer!*

Diese Beispiele zeigen, daß sich Kinder vom Tage ihrer Geburt an buchstäblich in den Händen der Erwachsenen befinden, so daß ihr Leben dadurch oftmals auf das „Schwerste" belastet ist. Aus der Tatsache, daß Kinder ihren Eltern „gehören", folgt die Konsequenz, daß diese mit ihnen tun können, was sie wollen. Sie können bestimmen, was, wann und wieviel sie essen, wie lange sie zu schlafen oder zu spielen haben, sie können befehlen, was sie zu bejahen und was sie abzulehnen haben. All diese Beispiele dürften genügen, um zu zeigen, wie sehr wir Kinder in ihrer Eigenständigkeit einschränken. Natürlich brauchen Kinder Fürsorge, man sollte dabei aber beachten, daß Kinder den unbändigen Drang besitzen Erfahrungen machen zu wollen. Sie wollen die Umwelt untersuchen und wollen nachahmen, was sie sehen. Uns erscheinen sie dabei oftmals ungeschickt zu sein, sie fassen Dinge anders an als wir und brauchen viel mehr Zeit. Wir sollten dabei bedenken, daß auch wir auf diese Art und Weise all das gelernt haben, was wir heute können, und daß unsere Eltern uns geduldig helfen mußten. Gerade dies ist heute unsere Schwierigkeit: Wir können diese kindliche Langsamkeit, Umständlichkeit und Ungeschicktheit kaum ertragen. Statt dessen sollten wir uns daran freuen, mit welcher Intensität Kinder Dinge versuchen, die wir längst aufgegeben hätten, wie sie eigene Wege finden, wo wir nur noch den schnellen rationalen Weg sehen und wie sie sich über Dinge freuen, die uns längst gleichgültig geworden sind. Im Umgang mit Kindern sollten wir an genau diese Wesensmerkmale anknüpfen und die Kinder in ihrer wißbegierigen und weltoffenen Art bestärken und fördern, damit sie zu selbständigen und selbstbewußten Menschen heranwachsen. So wie dies in der Montessori-Pädagogik getan wird (vgl. Montessori, 1966, 1969).

Förderung der Selbsttätigkeit durch Montessori-Material

Das Montessori-Material ist für das Kind ein Schlüssel zur Welt, mit dem es seine chaotischen oder unverarbeiteten Eindrücke ordnet, strukturiert und verstehen lernt. Mit Hilfe des Materials wächst das Kind in die Kultur und Zivilisation seiner Umwelt hinein. Ebenso lernt es durch eigene Erfahrungen, die Natur zu verstehen und sich in ihr zurechtzufinden. Um die Unabhängigkeit vom Erwachsenen zu fördern enthält das Montessori-Material die Möglichkeit der Fehlerkontrolle durch das Kind. Es soll selber seine Fehler erkennen und korrigieren können (Montessori-Vereinigung, 1978. Montessori-Material Teil 1, Handbuch für Lehrgangsteilnehmer.)

Im nächsten Abschnitt wird das Montessori-Material vorgestellt, welches die Selbsttätigkeit der Kinder fördert. Es gliedert sich in folgende Bereiche: Übungen des praktischen Lebens, Übungen mit Sinnesmaterialien, Übungen mit mathematischem Material sowie Übungen zur Förderung der Sprache (vgl. hier und im folgenden Fisgus & Kraft, 1996; Oy, 1987; Niehaus Montessori, 1978).

Übungen des praktischen Lebens

Montessori wählte hierzu Übungen aus, die zum Teil aus der häuslichen Umgebung des Kindes stammen; Tätigkeiten, die das Kind bei Erwachsenen sieht und gerne nachahmen möchte. Sie umfassen vier Bereiche:

- Sorge für die Umgebung

  Tischdecken, Setzen und pflegen von Topfpflanzen.

- Pflege für die Person

  Bsp.: Holzrahmen zum Öffnen und Schließen verschiedener Verschlüsse, Schuhe putzen, Hände waschen.

- Entwicklung sozialer Beziehungen

  Die Übungen in diesem Bereich können dem Kind zur Einsicht in die Vielfalt sozialer Umgangsformen verhelfen. Sie müssen als Gruppenübungnen durchgeführt werden, weil sie nur im Zusammenspiel gemacht werden können. Als geeignete Übungsformen bieten sich Gespräche und Rollenspiele an.

- Analyse und Kontrolle der Bewegung

  Bsp.: Reis schütten: Auf dem Arbeitsplatz des Kindes stehen zwei Schüsselchen, eines davon ist mit Reis gefüllt, das andere ist leer. Mit einem Löffel soll das Kind nun den Reis umfüllen, ohne etwas dabei zu verschütten. Ziele diese Übung sind u. a. die Vorbereitung auf das Ein- und Ausgießen von Flüssigkeiten und das Vertrautwerden mit der Handhabung des Löffels.

  Wasser gießen, Übungen der Stille, oder

  Gehen auf der Linie: Bei dieser Übung sollen sich die Kinder des Eigenen Körpers bewußt werden. Sie sollen versuchen, ihre Bewegungen zu koordinieren und das Gleichgewicht zu halten. Hierzu müssen sie zunächst eine el-lipsenförmige Linie, die auf den Boden gemalt ist, ablaufen, ohne dabei von dieser Linie abzukommen. Später wird diese Übung dadurch erschwert, daß sie während des Gehens in beiden Händen Gegenstände (z. B. eine brennende Kerze, kleine Behälter mit Wasser) tragen müssen.

Übungen mit dem Sinnesmaterial

Das Sinnesmaterial ist so aufgebaut, daß die verschiedenen Sinnesgebiete isoliert geschult werden können, und zwar in bezug auf taktile Reize, Geschmacksquali-täten, Gerüche, Ausdehnungen, Geräusche, Töne, Gewichte, Farben und Formen.

- Gesichtssinn

  Die Kinder sollen lernen, Dimensionen unterscheiden zu können.

  Bsp.: Rosa Turm: Er besteht aus 10 Kuben (Massivholz, rosa), die sich drei-dimensional verändern, das heißt, der kleinste Kubus hat eine Kantenlänge von einem Zentimeter, der größte eine Kantenlänge von 10 Zentimetern. Bei dieser Übung liegen alle Würfel ungeordnet auf dem Tisch, das Kind soll sie dann der Größe nach aufsetzen.

  Oder Braune Treppe: Sie besteht aus 10 hölzernen Prismen. Alle sind 20 Zentimeter lang, die Seitenflächen sind Quadrate, ihre Kantenlänge nimmt von 10 Zentimeter bis einen Zentimeter ab. Die Braune Treppe wird nach der Übung mit dem Rosa Turm eingesetzt. Der Arbeitsauftrag ist fast der gleiche: Die Kinder müssen die Prismen in richtiger Reihenfolge anordnen, so daß ei-ne Treppe entsteht. Wichtig dabei ist, daß die Kinder durch das Betasten und Hantieren mit den Prismen auch ihre unterschiedliche Dicke und Schwere er-fahren.

  Rote Stangen: Hierbei handelt es sich um 10 Stangen; die kürzeste hat eine Länge von 10 Zentimetern, jede weitere verlängert sich um 10 Zentimeter.

Alle Stangen sind 2,5 Zentimeter breit und hoch, die längste mißt 100 Zentimeter. Sie sollen vom Kind in regelmäßigen Abstufungen nebeneinander gelegt werden. Dadurch sollen die Kinder lernen, Längenunterschiede zu erkennen und zu benennen, und sie sollen auf die Arbeit mit den numerischen
Stangen vorbereitet werden.

Oder Einsatzylinder: Das Material besteht aus Holzblöcken mit je 10 Vertiefungen und je 10 passenden Zylindern. Jeder Zylinder hat oben eine Knopf,
damit das Kind ihn gut greifen kann. Die Zylinder der vier Blöcke unterscheiden sich in folgenden Eigenschaften:

- Block A: Zylinder mit abnehmender Höhe, aber gleichem Durchmesser,

- Block B: Zylinder mit gleicher Höhe, aber mit abnehmendem Durchmesser,

- Block C: Zylinder mit abnehmender Höhe und abnehmendem Durchmesser,

- Block D: Zylinder mit zunehmender Höhe und abnehmendem Durchmesser.

Die Übung mit diesem Material besteht zunächst darin, daß das Kind passende Zylinder für die Öffnungen findet. Ziele sind u. a. die Wahrnehmung von
Dimensionsunterschieden (bei gleichbleibender Form), das Üben des Dreifin-
gergriffs (Schreibfinger) und die Bildung einfacher Ordnungsstrukturen im
Bereich der Dimensionen.

Oder farbige Zylinder: Dieses Material besteht aus vier Holzkästen mit je 10
farbigen Zylindern, die in ihren Dimensionen den Einsatzzylindern entsprechen: Die blauen Zylinder entsprechen Block A, die roten Block B, die gelben
Block C und die grünen Zylinder entsprechen Block D.

Oder Material zur Unterscheidung von Formen: Ein Beispiel hierfür ist die
geometrische Kommode (= ein Kasten mit sechs Schubladen. In jeder
Schublade sind blaue geometrische Einsatzfiguren, die in einem Einsatzrah-
men liegen und herausgenommen werden können.)

- Tastsinn

  Bsp.: Tastbretter (rauh/glatt), Tastbretter (grob/fein), Kisten mit Stoffen, oder Überraschungsbeutel: Ein Beutel oder ein Socken wird mit einigen Gegenständen gefüllt (z. B. Ball, Löffel), die Kinder sollen dann die Gegenstände durch taktile Wahrnehmung erkennen, von anderen unterscheiden und benennen.

- Barischer Bereich

  Bsp.: Gewichtsbrettchen: Sie bestehen aus drei Sätzen von je 10 Holztäfelchen. Sie werden in einem Kasten mit drei Fächern aufbewahrt. Jeder Satz besteht aus einer anderen Holzart und hat daher ein anderes Gewicht und eine andere Farbe.

- Gehörsinn

  Bsp.: Geräuschdosen: Das Material besteht aus zwei Kästen mit jeweils sechs Holzbüchsen. Die einen Büchsen haben einen roten, die anderen einen blauen Verschluß. Sie sind mit unterschiedlichem Material gefüllt. Die Geräuschbüchsen sind paarweise nach Lautstärke geordnet. Das Kind soll die Geräusche vergleichen, die beim Schütteln entstehen und sie zuordnen.

  Oder Glocken.

- Geruchssinn

  Bsp.: Geruchsdosen.

- Geschmackssinn

  Bsp.: Geschmacksgläser.

- Wärmesinn

  Bsp.: Wärmekrüge, Temperaturplatten.

Übungen mit dem mathematischen Material

Wenn Montessori den menschlichen Geist als einen *mathematischen* Geist bezeichnet, so will sie damit ausdrücken, daß Mathematik kein schwieriges Sonderphänomen ist, sondern daß Mathematik etwas ist, das zum Menschen schlechthin gehört. Ihr Material hierzu entspricht den sensomotorischen Bedürfnissen des Kindes und macht den Zusammenhang zwischen Arithmetik und Geometrie deutlich.

- Material zur Einführung in den Zahlenraum von 0-10

  Bsp.: Numerische Stangen, Sandpapierziffern Spindeln. Hierbei handelt es sich um zwei Holzkisten mit je fünf Fächern, die auf der Rückwand mit Zahlen bezeichnet sind. Auf der Rückwand des ersten Kastens stehen über den Fächern die Zahlen 0 bis 4, auf der Rückwand des zweiten Kastens die Zahlen 5 bis 9. Dazu gehören 45 hölzerne Spindeln, die mit Gummiringen zusammengehalten werden. In jedem Fach liegen soviele Spindeln, wie auf der Rückwand angegeben sind.

  Oder Ziffern, Chips.

- Einführung ins Dezimalsystem

  Bsp.: Goldenes Perlenmaterial: Hierbei handelt es sich um eine Menge goldfarbener Perlen: lose Perlen (= Einer), Stäbchen (= Zehner), Quadrate (= Hunderter) und Kuben (= Tausender).

  Oder Zahlenmaterial: Dieses Material besteht aus einem Satz von je neun unterschiedlich langen Karten oder Brettchen, auf denen folgende Zahlen stehen: 1 bis 9 (grüne Farbe), 10 bis 90 (blaue Farbe), 100 bis 1000 (rote Farbe) und 1000 bis 9000 (gelbe Farbe).

  Oder Kombination Perlenmenge und Zahlsymbol, Farbige Perlentreppe, und Seguinsche Tafel Kasten I: Hierbei handelt es sich um zwei Bretter, die durch Leisten in je fünf Felder aufgeteilt sind. Auf dem ersten Brett steht fünfmal die Zahl 10, auf dem zweiten viermal die Zahl 10. Dazu gibt es neun Täfelchen mit den Zahlen 1 bis 9, eine Dose mit Zehnerstangen und eine kleine bunte Perlentreppe von 1 bis 9.

Seguinsche Tafel Kasten II: Genau wie bei Kasten I sind zwei Bretter vorhanden. Auf dem ersten Brett stehen die Zahlen von 10 bis 50, auf dem zweiten Brett die Zahlen 60 bis 90, das letzte Feld ist leer. Dazu gibt es noch neun Täfelchen mit den Zahlen von 1 bis 9, einen Kasten mit neun goldfarbenen Zehnerstangen und 10 goldenen Einerperlen.

Oder Kurze Ketten, Hunderterketten, Tausenderketten.

Übungen zur Sprache

Bsp.: Metallene Einsatzfiguren, Sandpapierbuchstaben sowie bewegliche Alphabete

Montessori-Pädagogik in der Regelschule

Die Schule muß der Ort sein, wo das Kind in Freiheit leben kann (Montessori, 1989c, S. 135). Um diesem Zitat gerecht zu werden, muß auch die Lernumgebung dementsprechend gestaltet sein. In diesem Kapitel werden Möglichkeiten vorgestellt, wie man ein Klassenzimmer lehr-, lern- und kindgerecht gestalten kann.

Die Gestaltung des Klassenzimmers

Ein Klassenzimmer sollte den Schülern die Möglichkeit bieten, sich frei darin zu bewegen und genügend Platz für die Arbeits- und Lehrmittel zu geben. Das Kind muß sich in dem Klassenzimmer wie zu Hause fühlen. Je angenehmer die Atmosphäre ist, desto effektiver können die Schüler lernen. Ein Beispiel aus einer Montessori-Schule in Köln: In dem Klassenraum werden 29 Kinder der Jahrgangsstufe 1 bis 4 unterrichtet. Sie sitzen zu je vier Schülern an zwei Tischen, die zusammen geschoben wurden. Diese Sitzgruppen sind in dem ganzen Raum verstreut. Das Klassenzimmer ist klar gegliedert und in verschiedene Lern- und Arbeitsbereiche aufgeteilt. Dies dient vor allem auch dazu, daß die Kinder durch die Raumaufteilung zum *Tätigsein* animiert werden. Regale befinden sich an allen Wänden und dienen nicht nur dazu, Material zu verstauen, sondern sie sind zugleich auch Raumteiler. Die Materialien in den Regalen sind nach Lernbereichen geordnet und jedem frei zugänglich. Weiterhin gibt es in diesem Klassenzimmer eine Bastelecke, einen Experimentiertisch, eine Leseecke, einen Tisch mit einer Schreibmaschine und mehrere Einzeltische, an denen die Schüler auch ungestört alleine arbeiten können.

Für Maria Montessori war der Raum ein wichtiger Teil ihres Erziehungskonzeptes. Um Elemente der Montessori-Pädagogik in die Regelschule übertragen zu können, beginnt man am besten mit der Neugestaltung des Klassenzimmers. Der erste Schritt einer solchen Neugestaltung ist meistens die Auflösung der starren Sitzordnung. Stühle und Tische sollten frei beweglich sein und je nach Bedarf im Raum verstellt werden können. Dies dient auch einer individuellen Sitzordnung und ermöglicht unterschiedliche Sozialformen. Als Stauraum für die Materialien dienen offene Regale, die von allen Seiten für die Schüler gut zugänglich sind. Solche Regale sind auch einfach und billig selbst herzustellen.

In einem solchen Klassenzimmer sollten nicht nur die Tische als Arbeitsfläche dienen, sondern auch Teppichreste, die auf dem Boden ausgelegt werden können. So haben die Kinder die Möglichkeit eine größere Arbeitsfläche zu nutzen. Oftmals ist es auch bequemer, in einer entspannten Haltung auf dem Boden zu liegen und sich mit dem Material zu beschäftigen.

In einer heutigen Regelschule ist es auch schon üblich, daß das Klassenzimmer in verschiedene Arbeitsecken eingeteilt wird. So zum Beispiel steht hier die Leseek-ke an erster Stelle. Sie sollte abgeschirmt von dem restlichen Trubel der Klasse sein und für die Schüler eine Entspannungsinsel darstellen. In einer Leseecke sollten neben Sach- und Informationsbüchern auch Unterhaltungsliteratur vorhanden sein. Weiterhin können in einem Klassenraum auch Experimentier- und Bastelecken angelegt werden. Hier können dann auch kleinere Versuch wie zum Beispiel das Setzen und Beobachten von Keimlingen oder das Erstellen von Collagen ungestört bearbeitet werden. Als Ablagen und Ausstellungsflächen dienen dann in erster Linie Fensterbänke, leerstehende Tische oder Wände.

Bei einer solchen Neugestaltung des Klassenzimmers muß man aber dazu sagen, daß der Raum auf jeden Fall mit den Schülern zusammen gestaltet werden soll, da er einen Teil von ihrer Lebensumgebung darstellt.

Die Polarisation der Aufmerksamkeit

Mit diesem Begriff wird ein sehr wichtiges Montessori-Phänomen beschrieben. Es stellt die völlige Konzentration eines Kindes auf einen Arbeitsgegenstand dar. Diese Konzentration läßt erst nach, wenn das Kind die Aufgabe gelöst hat. Maria Montessori hat folgendes während ihrer Arbeit im Kinderhaus in Rom beobachtet:

Ich beobachtete ein etwa dreijähriges Mädchen, das tief versunken war in eine Übung mit den kleinen Holzzylindern, die es aus den Vertiefungen des Holzblocks herausnahm und dann wieder an ihren richtigen Platz brachte. [...] Ich beobachtete die Kleine mit Spannung, ohne sie zu stören. Ich zählte 44 Wiederholungen, und als sie endlich aufhörte, tat sie das Ganze unabhängig von den Ablenkungen um sie her, die sie hätten stören können, und blickte glücklich umher, als ob sie von erquickendem Schlaf erwacht wäre (Montessori 1989c, S. 69f.).

Maria Montessori ging nach diesem Erlebnis davon aus, daß diese Konzentration einen inneren Ursprung hat und immer dann auftritt, wenn man sich aus tiefstem Interesse einer Sache widmet.

Die Polarisation gliedert sich in drei Stufen:

- Phase der Vorbereitung

  In dieser Phase suchen die Kinder nach geeignetem Arbeitsmaterial. Sie stehen oftmals unentschlossen vor den Regalen, bis sie etwas passendes gefunden haben. Anschließend beginnen sie ihren Arbeitsplatz sorgfältig und mit Liebe herzurichten.

- Phase der Arbeit

  Das Kind ist so mit seiner Arbeit beschäftigt, daß es sich durch nichts und niemanden ablenken läßt. Durch die Arbeit werden sowohl motorische, als auch kognitive Fähigkeiten gefördert.

- Phase der Ruhe und des Ausruhens

  Hat das Kind seine Aufgabe erfüllt, wird es ausgeglichen und zufrieden sein. Der Lehrer kann dies noch unterstützen, indem er sein Interesse für die fertiggestellte Arbeit zeigt.

Durch die Polarisation - so Maria Montessori - verändert sich das Kind grundsätzlich. Sie spricht hier von einem *normalisierten* Kind, welches ruhiger, mitteilsamer, fast sogar intelligenter wird.

Freiarbeit - Wie fange ich an?

Ein Lehrer sollte den Einstieg in die Freiarbeit mit seiner Klasse in möglichst kleinen Schritten beginnen. So ist es immer von Vorteil, den Schülern bekanntes Material zur Verfügung zu stellen, mit dem sie ohne Anweisung umgehen können. Gerade bei Schulanfängern eignet sich noch Kindergartenmaterial, damit den Neulingen die Angst vor der Schule genommen wird.

Die Materialien sollen die Schüler anregen, selbständig etwas zu erarbeiten und sich an spontanes Handeln zu gewöhnen. Weiterhin kann der Lehrer den Schülern eigene, selbstgestellte Aufgaben geben (z. B. eine Arbeit vom Vortag beenden, ein Bild fertigmalen).

Die Einführung in die Freiarbeit sollte immer konkret mit den Schülern besprochen werden; dies kann mit dem einzelnen Schüler, in einer Gruppe oder im Sitzkreis mit dem ganzen Klassenverband geschehen. Mit der Zeit kann der Lehrer nun auch das Materialangebot erweitern. Dies bedeutet aber auch, daß der zeitliche Rahmen der Freiarbeit ausgeweitet werden muß. Die Schüler haben nun die Möglichkeit aus einem größeren Angebot auszuwählen und ihren eigenen Zeitplan zu erstellen. Wann und mit was sie sich beschäftigen liegt jetzt in deren Hand. Nach einer gewissen Eingewöhnungsphase sollte die Freiarbeit ein fester Bestandteil des Unterrichts sein. So zum Beispiel eignet sich die erste Stunde eines Tages sehr gut dafür. Die Schüler werden noch nicht direkt mit dem *Schulstreß* konfrontiert. Sie können eigenständig entscheiden, mit was sie sich beschäftigen wollen und gleiten so langsam in den Schultag hinein (vgl. hier die Lern- und Spielschule).

Freiarbeit und Wochenplan

Der Wochenplan stellt ein Hilfsmittel für die Schüler dar. Die Schüler sollen durch ihn die Fähigkeit zur freien Arbeitsauswahl erlangen. Er gibt ihnen eine Übersicht, wie die Woche aussieht und wie sie zu gestalten ist. In einem solchen Wochenplan sind neben einem Pflichtprogramm auch Wahlaufgaben erfaßt. Das Kind entscheidet allerdings selbständig wie und mit welchen Materialien es sein Pflichtprogramm erledigt. Erst wenn die Pflichtstunden erfüllt sind, sollte es sich an die Wahlaufgaben begeben. Die Arbeitsergebnisse werden von jedem Schüler auf einem Plan eingetragen und somit kann überprüft werden, wie die verbleibende Zeit noch einzuteilen ist. Ein Wochenplan kann auch unterschiedlich gestaltet sein. Entweder umfaßt er für jeden Schüler das gleiche Programm oder er differenziert. Die Differenzierung kann folgendermaßen aussehen: Die Arbeitsaufträge werden in Schwierigkeitsstufen eingeteilt und auch dementsprechend farbig markiert. Nun entscheidet der Lehrer welchen Schwierigkeitsgrad ein Schüler zugeteilt bekommt und markiert dessen Namen auf dem Wochenplan in der entsprechenden Farbe. Diese Art des Planes kann aber erst erstellt werden, wenn der Lehrer seine Schüler besser kennt und ihr Arbeitsniveau beurteilen kann.

Abschließend ist zu sagen, daß die Freiarbeit ein hervorragendes Mittel ist, um den Schüler zur Selbständigkeit, Selbsttätigkeit und Eigenverantwortlichkeit zu *erziehen.*

5. Konzentration als pädagogisches Phänomen

Man kann *Konzentration* verstehen als gezieltes Ausrichten der Aufmerksamkeit auf einen eng umgrenzten Sachverhalt, oder als Zustand in dem erwünschte Leistungen erbracht werden. Der Begriff Konzentration taucht in der pädagogischen und psychologischen Fachliteratur ansonsten kaum auf. Statt dessen findet man immer Querverweise zum Begriff *Aufmerksamkeit*. Die folgenden Ausführungen beziehen sich also auf den Aufmerksamkeitsbegriff.

Definition nach Carven & Scheier (1981): *Aufmerksamkeit ist definiert als ein Zustand konzentrierter Bewußtheit, begleitet von einer Bereitschaft des zentralen Nervensystems, auf Stimulation zu reagieren. Man kann sich Aufmerksamkeit als eine Brücke vorstellen, über die einige Bestandteile der äußeren Welt - die ausgewählten Aspekte, auf die die Aufmerksamkeit konzentriert ist - in die subjektive Welt des Bewußtseins gebracht werden, so daß Verhaltenskontrolle ermöglicht wird (zitiert in: Zimbardo, 1995, S. 226).*

Nach Zimbardo (1995) und Janssen (1991) ist die *Aufmerksamkeit* ist ein zentraler Begriff der Bewußtseinspsychologie. Wenn wir wach sind, befinden wir uns in einem Zustand der Aufmerksamkeit. Wir bemerken, was um uns herum passiert, wir wissen wer wir sind und was wir gerade tun. Wir sind ständig einer Vielzahl von Reizen ausgesetzt. Man spricht auch von Reizüberflutung. Allerdings ist es uns nicht möglich, alle diese äußeren Einflüsse zu verarbeiten. Worauf der Mensch nun seine Aufmerksamkeit richtet, hängt von einer Vielzahl verschiedener Faktoren ab. Wir bemerken etwas Neues, Unbekanntes, Auffälliges oder Unerwartetes und werden davon gefesselt. Unsere Aufmerksamkeit richtet sich ganz auf eben diesen Aspekt, weil er aus der Menge aller äußeren Einflüsse herausragt. Alles andere tritt erst einmal in den Hintergrund. Auf was sich nun die Aufmerksamkeit richtet, ist individuell verschieden. Spezielle Interessen, Einstellungen, bereits vorhandene Assoziationen mit dem Wahrgenommenen und Ähnliches können die Aufmerksamkeit lenken. Auch ein besonderes Interesse für einen bestimmten Sachverhalt fördert die Aufnahmebereitschaft für entsprechende Reize. Diese werden viel leichter aufgenommen und verarbeitet als Reize, die mit dem Gegenstand des Interesses nichts zu tun haben.

Weiterhin wird die Aufmerksamkeit durch den momentanen physiologischen Zustand gelenkt. Wenn man Hunger hat, nimmt man z.b. Werbeanzeigen für Lebensmittel viel eher wahr.

Bei diesen Beispielen spricht man von *unbewußter* Aufmerksamkeit. Dazu kann man auch das Autofahren zählen. Manche Tätigkeiten, wie z.b. das Schalten werden nach einer gewissen Zeit (mit einer gewissen Fahrerfahrung) zur Routine. Der Ablauf des Schaltens wird nicht mehr Schritt für Schritt durchdacht, sondern läuft praktisch automatisch ab.

Von bewußter Aufmerksamkeit spricht man, wenn unsere Aufmerksamkeit durch eine bestimmte Tätigkeit völlig vereinnahmt wird. Liest man z.B. ein spannendes Buch sieht sich einen guten Film an oder lernt, so ist die Aufmerksamkeit fast ausschließlich auf diese Aktivität gerichtet. Andere Reize werden ignoriert und von uns nicht bewußt wahrgenommen. Meiner Meinung nach kommt der Begriff „bewußte Aufmerksamkeit" dem am nächsten, was Konzentration meint.

Zimbardo (1995, S. 226) vergleicht die Aufmerksamkeit *mit einem Scheinwerfer, der bestimmte Bestandteile unserer Umgebung beleuchtet. Wenn wir unsere Aufmerksamkeit auf etwas richten und uns dessen bewußt sind, können wir anfangen, es kognitiv zu verarbeiten: Wir wandeln sensorische Information in Wahrnehmungen und Erinnerungen um oder entwickeln Gedanken, indem wir analysieren, urteilen, argumentieren und unsere Vorstellungen spielen lassen.*

Zur *Reizüberflutung* hat sich der britische Forscher Donald Broadbent (vgl. Janssen, 1991) Gedanken gemacht und die *Filtertheorie der Aufmerksamkeit* entwikkelt. Er ging davon aus, daß es einen sog. Kommunikationskanal gibt, der Informationen verarbeitet und an das Bewußtsein weiterleitet. Die Menge an Informationen, die dieser Kanal aufnehmen kann, ist stark begrenzt. Das liegt daran, daß es dem Menschen nicht möglich ist, zwischen zwei Informationsquellen beliebig hin und her zu springen. Um diese Theorie zu belegen wurde das Experiment des *dichotischen Hörens* durchgeführt. Mehreren Versuchspersonen wurde ein Kopfhörer aufgesetzt. Auf jedem Ohr war eine andere Geschichte zu hören. Die Vp. wurden nun gebeten sich auf eine der Geschichten zu konzentrieren und die Sätze laut zu wiederholen, um den Effekt des selektiven Hörens zu steigern. Anschließend wurde die Vp. nach der anderen Geschichte gefragt. Sie konnten sich natürlich an die Informationen bzw. den Inhalt der Geschichte nicht erinnern. Erstaunlich ist aber, daß sie nicht einmal große Veränderungen bemerkt haben (rückwärts laufendes Band, andere Sprache, usw.). Bemerkt wurde lediglich eine Veränderung der Tonhöhe (Frauenstimme statt Männerstimme).

Broadbent sieht die Aufmerksamkeit als *selektiven Filter*, welcher alle eintreffenden Informationen verarbeitet. Unerwünschte Informationen werden abgeblockt. Sie werden unterhalb der Bewußtseinsschwelle wahrgenommen, also ohne daß ihre Bedeutung ins Bewußtsein gelangt. Diese Informationen werden im Ultrakurzzeitgedächtnis für einige Sekunden gespeichert und wieder gelöscht, wenn keine Verwendung dafür offensichtlich ist. Nur speziell erwünschte Informationen werden an das Bewußtsein weitergeleitet.

Diese Theorie gilt jedoch nicht uneingeschränkt. In anderen Untersuchungen wurde festgestellt, daß es eine Bedeutungsanalyse gibt. Es muß einen Mechanismus unterhalb der Bewußtseinsschwelle geben, der die zu ignorierenden Informationen auf ihre Bedeutung hin überprüft. Hierbei greifen wir auf im Gedächtnis gespeicherte Informationen zurück. Beispielsweise haben die Versuchspersonen persönlich bedeutsame Informationen auch auf dem unbeaufsichtigten Ohr bewußt wahrgenommen beispielsweise ihren Namen. Dann wurde die Geschichte vom beaufsichtigten Ohr auf das unbeaufsichtigte übertragen. Die Versuchspersonen haben aber trotzdem die „alte" Geschichte, die nun nicht beachtet werden sollte, weiter wiederholt. Man kann aber im Allgemeinen doch sagen, daß das worauf sich die Aufmerksamkeit richtet, besser verarbeitet wird und man sich auch eher daran erinnern kann.

Abschließend wäre noch anzumerken, daß Aufmerksamkeit in vielen Theorien als eigenständige psychische Funktion gesehen wird. Man spricht von Aufmerksamkeit als angestrengtes, interessebedingtes Wahrnehmen, Vorstellen und Denken.

Es gibt allerdings noch weitere Theorien, nach denen man von Aufmerksamkeit nicht als eigenständige Funktion spricht, sondern nur vom Zustand der Aufmerksamkeit, d.h. Aufmerksamkeit ist keine Fähigkeit, *sondern nur ein Ausdruck für den Einfluß willentlicher Anstrengung auf das Bewußtsein* (Janssen, 1991, S. 15).

In einer weiteren Theorie wird gar die Existenz von Aufmerksamkeit geleugnet. H. Rohracher beschreibt Aufmerksamkeit als *bewußten Einsatz der seelisch-geistigen Funktionen"* bzw. als *„das Erleben ihres Funktionierens* (Janssen, 1991, S. 15).

Methoden und Mittel zur Konzentrationsförderung nach Maria Montessori

Maria Montessori wurde die Bedeutung der Konzentration sehr wichtig. Sie strebte sehr danach, ihre Sinne weiter auszubilden, um differenzierter und dadurch besser beobachten zu können.

Sie kommt zu folgender These: *Die Dinge sind die ersten und besten Lehrer* (vgl. Danker, 1970, S. 342), da sie davon überzeugt ist, daß sich Kinder durch ihren inneren Drang selbst entfalten, und die Erwachsenen auf diesen Prozeß nur störend wirken.

M. Montessori versucht nun also Dinge zu schaffen, die durch ihren Gebrauch selbst lehren, d.h. ein Material, das von sich aus die Fehler anzeigt. Das lernende Kind sollte durch dieses Material seine eigenen Fehler feststellen, verbessern und ständig die Richtigkeit seines Tuns überprüfen können.

Das Material sollte in sich erklärend sein, so daß das Kind keine fremde Hilfe benötigt. Der Erfolg wird durch selbständiges Ausprobieren, durch Versuch und Irrtum erzielt. Das Material sollte also so geschaffen sein, daß dem Kind Selbstkontrolle möglich ist. Eine wichtige Voraussetzung für den Lernfortschritt durch Erfolg und Irrtum ist aber, das Kind nicht zur Beschäftigung mit dem Material zu zwingen. Es muß sich dem Material selbst zuwenden, nur so ist es auch bereit zu Lernen. Nicht nur die Funktionslust, sondern auch die Konzentration des Kindes muß angesprochen werden, d.h. die "Konzentration im Sinne einer intensiven und ausdauernden Hingabe, einer Sammlung und Versunkenheit in die Tätigkeit" (vgl. Danker, 1970, S. 342). Nur so, glaubt M. Montessori, ist es möglich, ein Fundament für ein fruchtbares Ergebnis zu legen, - eine Tiefenwirkung zu erreichen. *Als das Wesen dieses Phänomens der Konzentration wurde die innere Regung der Seele erkannt, die auf einen Anreiz reagiert und von ihm gefesselt wird* (vgl. Danker, 1970). M. Montessori glaubt, daß sich diese Kraft der Konzentration, wie man sie bei Drei- bis Vierjährigen findet, sonst nur noch beim Genie zeigt. Bei dieser Art von Versunkenheit bildet sich dann eine Einheit aus dem Ich und dem Gegenstand.

Die Sinnesschulung

Die Sinnesschulung steht bei M. Montessori stets an erster Stelle. Voraussetzung hierfür ist die ausnahmslose Hingabe an das Material. Diese Zuwendung geschieht durch die Konzentration. M. Montessori geht davon aus, daß die Konzentration beim Kleinkind eine unbewußte Empfindung seiner psychischen Entwicklung (vgl. Danker, 1970, S. 343) sei, die ihm eine Übung so anziehend macht und ihm dafür soviel Ausdauer gibt, wie für die Bedürfnisse seines Innenlebens nötig ist.

Äußere Vorbereitung

Durch verschiedene äußere Vorbereitungen kann man das Erreichen der Konzentration erleichtern:

1. Isolierung des Anreizes

Alle überflüssigen Gegenstände in der Umgebung sollten isoliert werden, damit das ganze Augenmerk nur auf den Gegenstand gelenkt wird, an welchem geübt werden soll.

2. Isolierung des Sinnes

Durch das Verbinden der Augen z.B. können Gehör-, Tast-, Geruchs- und Geschmackssinn verstärkt werden.

3. Rückzugsmöglichkeiten bieten

Die Umgebung sollte viel Raum bieten, in dem sich das Kind selbst isolieren und zurückziehen kann. An einem solchen Ort kann das Kind leichter zur tiefen Konzentration gelangen.

4. Anpassung der Umgebung an das Kind

Die Umgebung sollte der Größe des Kindes angepaßt sein, d.h. Stühle, Tische, Hausgeräte, Fenster, Türen, eben die Größe der Räume selbst sollte dem lernenden Kind entsprechen.

Nur so wird ihm ermöglicht, in seinen Bewegungen exakt zu sein. Und exakte Bewegungen zu machen erfordert die ganze Aufmerksamkeit des Kindes und führt es somit auch zur Konzentration.

Beispiele zur Konzentrationsübung

Ziel solcher Übungen ist die exakte bzw. genaue Beherrschung der Bewegung, die die Konzentrationsfähigkeit des Kindes fördert. Ebenso sollen die inneren Energien vor Zerstreuung durch die äußeren Dinge geschützt werden. Durch die tiefe Versunkenheit in einen Gegenstand, bzw. durch die Konzentration soll eine innere Ordnung geschaffen werden (vgl. Danker, 1970, S. 344).

a) Gehen auf der Linie

Die Kinder schlüpfen in die Rolle eines Seiltänzers und gehen (evtl. barfuß) entlang einer Kreislinie oder Ellipse, die mit Kreide aufgezeichnet oder mit einem Seil gelegt wird. Dabei tragen sie verschiedene Gegenstände wie z.b. eine Kerze, ein Glas Wasser, ein Glöckchen usw. Es soll dabei darauf geachtet werden, daß kein Wachs heruntertropft, daß kein Wasser verschüttet wird und daß der Klöppel des Glöckchens nicht anschlägt. Das Gehen auf dem Seil kann auch mit verbundenen Augen durchgeführt werden.

b) Schweigeübung

Zu dieser Übung sollen die Kinder eine bequeme aber starre Haltung einnehmen. Sie sollen schweigen und aufmerksam in die Stille lauschen. Dabei sollen ganz feine Geräusche wahrgenommen werden. Z.B. kann man dem leisen Ticken einer Uhr, dem Gezwitscher der Vögel oder den Geräuschen einer Fliege am Fenster lauschen. Nach und nach können die Kinder leise aus dem Nebenraum beim Namen gerufen werden. Daraufhin sollen die Betroffenen leise hinausgehen, ohne irgendwo anzustoßen.

Gertrud Danker beschreibt nun die Konzentration *als Verschmelzung, als Befruchtungsvorgang zwischen Innerem und Äußerem, aus dem dann eine Erkenntnis geboren wird* (vgl. Danker, 1970). Danker behauptet, im Gegensatz zu M. Montessori, daß der ganze Mensch in die Konzentration miteinbezogen ist und es sich hiermit nicht bloß um das Üben einer Einzelfunktion dreht. Sie erklärt dies folgendermaßen: Wenn durch eine innere Regung der Seele diese ihre ganze Kraft zusammenlegt, auf einen Punkt sammelt, und sich der Mensch dann so gesammelt einem Gegenstand zuwendet, so wirkt das Tun, in das er sich ganz versenkt, auch in die innere Mitte zurück, woher die Kräfte kamen. Da also durch die Konzentration alle psychischen Kräfte gesammelt und gebunden werden, sind sie auch notwendig alle bei dem konzentrierten Tun engagiert und somit ist der ganze Mensch daran beteiligt. Es wird also bei extremen Übungen einer Einzelfunktion immer durch die Konzentration auch die Kernschicht des Menschen getroffen und geübt. Auch das Kleinkind wird bei solchen nüchternen Beschäftigungen in seinem Ganzen angesprochen, und so erlangt es ein Gefühl, *als habe es den Schlüssel zur Ordnung der ganzen Welt gefunden* (vgl. Danker, 1970, S. 345). Die Konzentration erweist sich also als Zaubermittel, das aus Wenig ein Viel zu zaubern vermag, d.h. Übungen und Erfahrungen lassen sich auf die übrige Wirklichkeit übertragen.

Und eben diese Grunderfahrungen werden zu einem Fundament innerer Ordnung, in die sich alle neuen Dinge und alle zufälligen Tatsachen einreihen lassen.

Konzentration in der Schule und Konzentrationsübungen

Nicht nur bei Maria Montessori ist die Konzentrationsförderung ein wichtiger Faktor, sondern auch in unseren heutigen Schulen ist sie unbedingt umsetzungswert (vgl. Lauster, 1975). Aufmerksamkeit im Unterricht stellt eine wesentliche

Voraussetzungen für den schulischen Erfolg dar. Ein häufiger Grund für schlechte Schulleistungen ist nicht mangelnde Intelligenz, sondern Unkonzentriertheit und schlechte Merkfähigkeit. Bei auffälligen Schülern liegt es meistens einfach nur am kurzfristigen Konzentrationsvermögen. Woran erkennt man einen unkonzentrierten Schüler?

Das unkonzentrierte Kind

- läßt sich durch kleinste Geräusche ablenken.

- schaut verträumt aus dem Fenster.

- redet stets mit dem Nachbarn.

- unterbricht ständig seine Arbeit.

- kaut am Stift.

- spielt mit irgendwelchen Gegenständen.

- braucht immer neue Anreize und Motivationen.

- sitzt stundenlang an den Hausaufgaben.

- kann nicht länger als 10 Minuten mit einem Spielzeug spielen.

- Begeisterung und Eifer erlahmt schnell.

Ursachen für Unkonzentriertheit

Es gibt äußere und innere Ursachen für mangelndes Konzentrationsvermögen. Die äußeren, umweltbedingten Ursachen (Lärm, zu viel fernsehen, fehlender Schlaf, usw.) sind leicht zu erkennen und zu beseitigen. Schwieriger ist es die psychisch bedingten Gründe der Konzentrationsschwäche herauszufinden. Hierzu einige Stichpunkte:

- Fehlende Liebe, Geborgenheit und Verständnis,

- fehlender Freiraum und Zeit zum Spielen und Entspannen,

- übersteigender Leistungsansporn durch den falschen Ehrgeiz der Eltern.

An dieser Stelle kann zusammengefaßt werden, was unter Konzentrationsschwächen oder -störungen verstanden wird: *Unfähigkeit, sich über längere Zeit mit einer Sache zu beschäftigen.*

Förderung der Konzentrationsfähigkeit

Es gibt unüberschaubar viele Übungen zur Konzentration. Meist wird dabei der Spieltrieb des Kindes genutzt. Der besseren Übersicht wegen sind die Spiele und Übungen, die folgend vorgestellt werden, in vier Gruppen eingeteilt, die zwischen Inhalten, Zielen und Einsatzmöglichkeiten unterscheiden. Eine eindeutige Zuordnung ist nicht möglich, weil die Spiele zum größten Teil ineinander übergehen und einer besonderen Situation angepaßt werden können. Allgemein ist dabei zu beachten, daß sich Zeit, Ruhe und Geduld für Konzentrationsübungen bzw. -spiele genommen wird. Es soll vermieden werden, das Kind zur Weiterarbeit zu drängen, wenn es keine Lust mehr hat. Außerdem darf es keine Angst vor Versagen haben, sonst ist das Spiel sinnlos geworden.

A) Spiele zum Abbau von Unruhe und Erregung

Hier soll die Möglichkeit gegeben werden, die Unruhe und Erregung auszuagieren, ohne die Kontrolle darüber zu verlieren.

Bsp.: Dreht euch nicht um, der Plumpsack geht herum: Alle Spieler, bis auf einen, stehen im Kreis mit dem Gesicht zur Mitte. Der übrige Spieler läuft mit dem Plumpsack (ein Tuch mit einem Knoten) außen um die Gruppe herum. Dabei singt die Gruppe immer wieder: „Dreht euch nicht um, der Plumpsack geht herum. Wer sich umdreht oder lacht kriegt den Buckel blau gemacht." Irgendwann läßt der Spieler den Plumpsack möglichst unauffällig hinter einem Mitspieler fallen. Der muß ihn aufheben und dem Spieler hinterherlaufen, um ihn einzuholen. Wer von den beiden zuerst auf dem freien Platz angekommen ist, darf im Kreis bleiben, der andere wird der Plumpsackträger für die nächste Spielrunde.

B) Spiele zum Stillwerden und Wahrnehmen

Diese bedeuten Hinwendung zur eigenen Mitte, Lauschen auf sich selbst und Sammeln der inneren Kräfte.

Bsp.: Seven up: Bis auf sieben Spieler sitzen alle an Tischen und schließen die Augen, wobei sie die Faust mit dem Daumen nach oben auf den Tisch stellen. Die sieben Spieler bewegen sich um die Tische und drücken jeweils einen Daumen der Mitspieler nach unten. Danach gehen die sieben an einen Platz zurück, wo sie das Kommando „Seven up" geben, damit die sitzenden Spieler die Augen öffnen. Die Spieler, denen der Daumen gedrückt wurde, müssen nun aufstehen und herausfinden, wer von den sieben sie berührt hat. Wer richtig geraten hat, darf bei der nächsten Runde Daumen drücken; der Erratene setzt sich an einen Tisch.

C) Spiele zum Aufpassen und Nachdenken

Hierfür wird die bewußte Aufmerksamkeit und willentliche Konzentration gebraucht, da die Aufgaben sich nur durch genaues Beobachten und Nach-denken lösen lassen.

Beispiel: Koffer packen: Ein Spieler beginnt damit, seinen Koffer zu packen, indem er einen Gegenstand nennt, den er in den Koffer tut. Er sagt z. B.: „Ich packe in meinen Koffer ein Buch ein." Der nächste Mitspieler muß diesen Gegenstand wiederholen und einen weiteren hinzufügen: „Ich packe in mei-nen Koffer ein Buch und eine Zahnbürste ein." Jeder Spieler muß die vorher gesagten Gegenstände im Satz wiederholen und einen neuen hinzufügen.

D) Spiele mit dem ganzen Körper

Konzentration ist nicht nur eine Sache des Geistes. Bewegungs- und Ausdrucksspiele verbinden dabei den Abbau von Unruhe und den Aufbau von Konzentration.

Bsp.: Laurentia: Alle stehen im Kreis, halten sich an den Händen, bewegen sich im Takt nach rechts und singen das Lied von der Laurentia. „Laurentia, liebe Laurentia mein, wann werden wir wieder zusammen sein? Am Montag. - Ach, wenn es doch erst wieder Montag (Dienstag usw.) wär und ich bei meiner Laurentia wär, Laurentia wär!" Sobald der Name Laurentia oder ein Wochentag genannt wird, machen alle Spieler eine Kniebeuge. In jeder Strophe wird ein weiterer Wochentag hinzugefügt, so daß auch eine weitere Kniebeuge hinzukommt.

Beobachtungen und Beispiele von Maria Montessori zur Konzentration

Maria Montessori beschreibt in ihrem Buch *Kinder sind anders* folgende Beobachtung: Ein etwa dreijähriges Mädchen ist damit beschäftigt, Holzzylinder unterschiedlicher Größe in passende Öffnungen in einem Block zu stecken. Es wiederholt den Vorgang mehrmals. Maria Montessori beobachtet daraufhin das Kind genauer und fängt an, die einzelnen Übungen mitzuzählen. Um herauszufinden wie weit die Konzentration reicht, läßt sie alle anderen Kinder in der Klasse singen und herumlaufen. Doch dadurch läßt sich das Mädchen nicht ablenken und setzt konzentriert seine Tätigkeit fort. Daraufhin setzt Maria Montessori sie mitsamt dem Stuhl auf einen Tisch. Das Kind nimmt die Zylinder an sich und macht nun, die Zylinder und den Block auf den Knien, weiter mit seiner Übung. Ganz plötzlich, scheinbar ohne jeden Grund beendet es seine Tätigkeit. Maria Montessori zählte 42 Wiederholungen des Vorgangs (Montessori, 1995, S. 124).

Das Beispiel des dreijährigen Mädchens zeigt deutlich, was Konzentration bewirkt und welchen Einfluß sie hat. Das Mädchen hat sich von allen äußeren und inneren Reizen, die es hätten ablenken können, befreit.

Sich innerlich von störenden Gedanken zu befreien ist zwar nicht immer einfach, aber doch möglich. Auf die äußeren Bedingungen Einfluß zu nehmen, ist vielfach schon schwieriger, wenn nicht sogar unmöglich. Vielen Menschen fällt schwer, sich bei erhöhtem Geräuschpegel z.b. lauter Musik oder Straßenlärm zu konzentrieren. In dem Moment funktioniert der Filter im Gehirn nicht mehr ausreichend und die Informationen von außen durchdringen die Gedanken, denen die Aufmerksamkeit eigentlich gewidmet ist. Doch auch innere Einflüsse beeinträchtigen die Konzentrationsfähigkeit. Fast jeder kennt auch die Situation: Man will sich auf einen Sachverhalt oder eine Tätigkeit konzentrieren und wird durch quälende Gedanken oder andere Probleme abgelenkt. So ist zu überlegen, ob das Mädchen auch zu dieser totalen Konzentration gelangt wäre, wenn die anderen Kinder der Klasse von Anfang an herumgelaufen wären und gesungen hätten. In eine tiefe Konzentration zu versinken ist meistens schwerer, als sich im konzentrierten Zustand ablenken zu lassen. Die Fähigkeit sich zu konzentrieren ist aber individuell verschieden.

Maria Montessori hat auch festgestellt, daß es eher selten ist, daß sich kleine Kinder „bis zur völligen Abschließung von der Außenwelt" (Montessori, 1995, S. 125) konzentrieren. Es setzt ein starkes Interesse für das Objekt oder den Sachverhalt voraus. Obwohl Maria Montessori bei dem *Mädchen keinerlei Fortschritt in der Schnelligkeit und der Genauigkeit der Ausführung* (Montessori, 1995, S. 124) feststellen konnte, muß doch eine sehr starke Neugierde oder Motivation von dem Objekt ausgegangen sein. Anders ist es nicht zu erklären, daß das Mädchen den Vorgang 42 mal wiederholt hat. Es muß also ein vielleicht für Erwachsene nicht erkennbares Ziel vorgelegen haben.

Maria Montessori (1995, S. 124-125) bemerkte folgende Situation: *Da saß ein kleines Mädchen in dem Alter, in dem die Aufmerksamkeit für gewöhnlich ruhelos von einem Gegenstand zum anderen abirrt, ohne sich auf etwas bestimmtes konzentrieren zu können; und doch hatte sich bei ihm eine solche Konzentration ereignet, war sein Ich für jeden äußeren Reiz unzugänglich geworden.* Die Möglichkeit der bewußten Konzentration nimmt mit dem Erwachsenwerden zu. Während sich kleine Kinder noch mehr durch Neugierde und Interesse zur Konzentration motivieren, sind Erwachsene eher in der Lage, sich auch auf weniger ansprechende Dinge zu konzentrieren. Jeder erinnert sich bestimmt noch an Dinge in seiner Kindheit, mit denen er sich völlig konzentriert auseinandersetzen konnte. Auch Erwachsene können sich so auf etwas konzentrieren, daß sie alles um sich herum vergessen. Das kann beispielsweise ein interessanter Artikel in der Zeitung, ein schwieriges Computerspiel oder ein Film im Fernsehen sein. Dann kann es uns gehen wie dem kleinen Mädchen: Wir sind so konzentriert auf eine Sache, daß unsere übrige Wahrnehmung eingeschränkt ist.

Eine weitere Feststellung Maria Montessoris (1995, S. 125) war, daß sich *ähnliche Vorfälle (wie der mit dem dreijährigen Mädchen) wiederholten und jedesmal gingen die Kinder daraus wie erfrischt und ausgeruht, voller Lebenskraft und mit dem Gesichtsausdruck von Menschen hervor, die eine große Freude erlebt haben.* Diese Beobachtung ist verständlich: Die Kinder haben sich hoch motiviert und konzentriert mit etwas auseinandergesetzt. Intensität und Zeitdauer setzten sie selbst fest. Da die Konzentration so hoch war, ist es wahrscheinlich, daß das Interesse von den Kindern selbst kam. Sie konnten sich, ohne durch störende Einflüsse abgelenkt zu werden, mit dem Objekt beschäftigen. Unter Umständen gelangten sie durch ihre intensiven Bemühungen zu einem Ergebnis, daß sie selbst zufriedenstellte. Damit erklärt sich dann die positive Ausstrahlung. Ferner beschreibt es Maria Montessori, als erwachen die Kinder aus einem Traum. Sie sind im Zeitraum hoher Konzentration in einer anderen Welt; frei von inneren und äußeren Einflüssen. Es ist nicht anzunehmen, daß das kleine Mädchen z.B. genauso vergnügt gewesen wäre, wenn man es in seinem Tun unterbrochen hätte, indem man ihm den Holzklotz weggenommen hätte.

Als komplexeres Beispiel für Konzentration kann man sich eine ganz normale Vorlesung vorstellen. Ein beliebiger Dozent referiert über ein nicht gerade ansprechendes Thema, welches aber doch prüfungsrelevant ist. Eine gewisse Konzentration seitens der Studenten ist mehr erzwungenermaßen vorhanden. Jetzt legt der Dozent eine Folie auf, deren Text so klein geschrieben ist, daß er nur noch bis in die 6. Reihe zu entziffern ist. Der Großteil der Studenten richtet nun die Konzentration darauf aus, den Folientext zu entziffern und versucht ferner noch, den Ausführungen des Dozenten zu lauschen. Die Konzentration richtet sich nun nicht mehr so, wie es auch Maria Montessori wünscht, auf einen einzelnen Sachverhalt, sondern wird durch einen anderen beeinträchtigt. Obwohl man nun versuchen kann, sich noch stärker zu konzentrieren, wird man nie die gleiche Konzentration auf den Sachverhalt erreichen, wie ohne den Einfluß. Man kann allenfalls versuchen, beiden Informationsquellen eine geteilte Aufmerksamkeit zukommen zu lassen.

6. Das Spiel in der Montessoris Pädagogik. Ein kritischer Vergleich

Der Begriff Spiel ist so vieldeutig und wird so weitreichend verwendet, daß es kaum möglich ist, nach durchgehenden Gemeinsamkeiten aller Spielerscheinungen zu fragen und dieses Gemeinsame als das Kennzeichen des Spiels anzusehen. Die englische Sprache unterscheidet sinnvoll zwischen *play*, der spontanen und vielfältigen Spieltätigkeit, insbesondere der kleinen Kinder und der Tiere, und formalen, durch Regeln bestimmten *games,* denen dann auch die Glücks- und Planungsspiele zugerechnet werden. Die Erziehungswissenschaft ist besonders am *Kinder*spiel interessiert.

Warum ist spielen für Kinder wichtig?

Nach dem aktuellen Stand der Wissenschaft (Einsiedler, 1994) ist das Spiel eine Grundform der spontanen Aktivität des Lebendigen bei der Auseinandersetzung mit der Welt. Das Kind bereitet sich im Spiel für das sorgende Tun im späteren Leben vor.

Die Tatsache, daß alle gesunden Kinder aller Kulturen von Geburt an spielen, hat dazu geführt, einen Spieltrieb anzunehmen. Dieser Spieltrieb scheint tief in der biologischen Organisation besonders des jungen Menschen verwurzelt zu sein.

Es hängt offenbar mit den Kräften des menschlichen Lernens zusammen: mit der Fähigkeit und Neigung des Kindes, Erwachsene zu imitieren, mit Lust, Neues zu erkunden, und mit dem Bedürfnis, Erkundetes und Erreichtes einzuüben, bis es voll verfügbar ist.

Die pädagogische Bedeutung des Spielens liegt darin, daß das freie und vielseitige Spiel für das Wohlbefinden des Kindes, ebenso wie für seine psychische, motorische, kognitive und soziale Entwicklung förderlich ist. Die Anreicherung der Spielpraxis und die Förderung der Spielfähigkeit gehören zu den zentralen Aufgaben der Erziehung (vgl. hier und im folgenden: Reble, 1995; Baacke, 1993; Einsiedler, 1994).

Kinder entwickeln dabei Fingerfertigkeit, lernen Bewegungen zu koordinieren, machen Sinneserfahrungen, Säuglinge bauen Muskeln auf, um nur einige Beispiele zu nennen. Zusätzlich wird die Phantasie angeregt und die Kreativität gefördert.

Spielen ist jedoch nicht nur Bestandteil des Lernvorgangs, sondern dient auch zur Entspannung und zum Vergnügen, es bietet dem Kind die Freiheit, die es braucht, seine Persönlichkeit zu entfalten. Um die Bedeutung des Spiels zu unterstreichen, muß hinzugefügt werden, daß alle Kulturen, zu jeder Zeit gespielt haben und eine Vielzahl von Spielvariationen entwickelt haben.

Welchen Sinn sieht Maria Montessori im Spiel der Kinder?

Obwohl in unserer Schule den Kindern wahrhaftig prächtige Spielsachen zur Verfügung standen, kümmerte sich keines der Kinder darum. Das überraschte mich dermaßen, daß ich selber eingriff, die Spielsachen mit den Kindern benützte, ihnen zeigte, wie mit dem kleinen Puppengeschirr umzugehen sei, wie der Herd der Puppenküche angezündet werden konnte. Die Kinder interessierten sich einen Augenblick lang, entfernten sich dann und wählten diese Dinge niemals spontan als Spielzeug. Das brachte mich auf den Gedanken, im Leben des Kindes sei Spielen vielleicht etwas Untergeordnetes, zu dem es nur dann Zuflucht nimmt, wenn ihm nichts Besseres, von ihm höher Bewertetes zur Verfügung steht. Uns selber ergeht es ja nicht viel anders: Schach oder Bridge spielen ist ein angenehmer Zeitvertreib für Mußestunden, aber es wäre das nicht mehr, wenn wir gezwungen wären, nichts anderes im Leben zu tun. Wer eine hohe und wichtige

Beschäftigung hat, vergißt das Bridgespiel; und das Kind hat immer hohe und wichtige Aufgaben vor sich. Denn jede Minute, die verstreicht, ist kostbar für das Kind, indem sie den Übergang von einer niedrigen zu einer höheren Stufe darstellt. Das Kind ist ja in ausgesetztem Wachstum begriffen, und alles, was sich auf die Mittel seiner Entwicklung bezieht, fasziniert es und macht es unempfindlich für jede müßige Tändelei (Montessori, 1988, S. 170.).

Wie können im Kontext der heutigen Zeit ihre Aussagen interpretiert werden?

Im Kontext der Zeit können ihre Aussagen interpretiert und kritisiert werden. Die Methode Montessoris hat Beifall und Ablehnung erfahren. Ihre unterschiedliche Würdigung resultiert daraus, daß sie neben unbestreitbaren Vorzügen auch unbefriedigende Aspekte aufweist. Überall, nicht nur in Deutschland, haben die allgemeinen Schriften Montessoris Kritik gefunden, besonders wegen der Eigenart der Formulierungen. Im weiteren Text kann man erkennen, daß diese Formulierungen leicht mißverstanden werden können, wenn man den Bezug früher-heute nicht berücksichtigt. Folgender Teil des Zitates ist besonders auffallend: *Im Leben des Kindes sei Spielen vielleicht etwas Untergeordnetes, zu dem es nur dann seine Zuflucht nimmt, wenn ihm nichts höher Bewertetes zur Verfügung steht.*

Maria Montessori wollte damit ausdrücken, daß Spiel für Kinder etwas Untergeordnetes, also etwas nicht Relevantes für ihr Leben ist. Sie hat die Auffassung, daß Kinder nicht spielen, sondern ihre Zeit mit wichtigeren Tätigkeiten verbringen wollen. Diese wichtigeren Tätigkeiten bezeichnet sie als *Arbeit*.

Laut Maria Montessori steht es außer Zweifel, daß beim Kind die Haltung der Arbeit gegenüber von einem Naturtrieb bestimmt ist; denn ohne Arbeit kann sich die Persönlichkeit nicht bilden: *Der Mensch bildet sich durch Arbeit. Und die Arbeit ist durch nichts anderes zu ersetzen.* (Montessori, 1988, S. 259).

Das würde also heißen, daß Kinder, die nur spielen und nicht arbeiten keine Persönlichkeit bilden können. Wie aber schon erwähnt wurde, ist nach heutigem Stand der pädagogischen Forschung der Spieltrieb tief in der biologischen Organisation des Kindes verwurzelt und dient der psychischen, motorischen, kognitiven und sozialen Entwicklung. Das Spiel ist also für die gesamte Entwicklung des Menschen (körperlich und geistig) existentiell.

In dem Zitat berichtet sie aus ihrer eigenen Schulpraxis, daß *Kinder kein Interesse am Spielen zeigten*. Sie behauptet, daß *alle* Kinder keine Lust hatten, vorhandene Spielsachen im Klassenzimmer zu benutzen und daß sie *niemals* spontan die Spielsachen verwendeten, sondern widmeten sich *immer* freiwillig etwas Höherem.

Für uns ist es aus heutiger Sicht unbegreiflich, daß Kinder nie auf Spielsachen reagieren wollten. Sie beschreibt ein unnatürliches Verhalten. Wir vermissen bei solchen Aussagen den empirischen Nachweis. Außerdem ist die Verallgemeinerung in ihrem Ausspruch in Frage zu stellen. Sie vergißt dabei die Individualität des Kindes. Den Darstellungen Montessoris hatte der Kritiker der 'Civilta Cattolica' schon 1919 das erste Kapitel seiner Kritik gewidmet." (Schulz-Benesch, 1970, S. 371.). Die Ausdrücke 'alle', 'niemals' und 'immer' sind unserer Meinung nach sehr überspannt verwendet worden.

Wenn man folgenden Teil des Zitates *Schach oder Bridge spielen ist ein angenehmer Zeitvertreib für Mußestunden, aber es wäre das nicht mehr, wenn wir gezwungen wären, nichts anderes im Leben zu tun. Wer eine hohe und wichtige Beschäftigung hat, vergißt das Bridgespiel; und das Kind hat immer hohe und wichtige Aufgaben vor sich.* Näher betrachtet, kann man sagen, daß für Maria Montessori Spielen nur ein Zeitvertreib ist. Wer spielt, hat keine bessere Beschäftigung. Sie trennt das Spiel von den höheren Tätigkeiten. Spiel ist aber für uns eine höhere Tätigkeit, denn es lernt dabei für das Leben Wichtiges. Kurt Lewin (1970, S. 246.) schreibt, daß durch die Zurückdrängung des Spiels die Phantasie verkümmert. Auch kritisiert man an der Methode Montessoris die Starre und Schmucklosigkeit ihres sensorischen Erziehungsmaterials und macht ihr den Vorwurf, die kindliche Einbildungskraft zu verkennen.

Wie können die Aussagen Maria Montessoris im Vergleich zu ihrer Zeit interpretiert werden?

Für ihre Zeit war Montessori eine große Reformpädagogin. Ihre Ansätze waren revolutionär und haben in der Pädagogik große Veränderungen bewirkt. Ihre pädagogischen Reformideen haben eine weltweite Wirksamkeit erfahren. Wenn man sich genauer mit ihrer Leitidee befaßt, wird man erkennen, daß unsere Interpretation nicht so stehen bleiben darf. Würde man einen Lehrer einer Montessori-Schule befragen, wie er über das Thema Spiel in Bezug auf Maria Montessori denkt, würde er uns wahrscheinlich ein anderes Bild darlegen können. Er würde sagen, daß sie das Spiel nicht ablehnt, es sogar als sinnvolle Tätigkeit betrachtet.

Für sie ist Spiel Arbeit. Sie unterteilt Spiel in zwei Arten:

1) Spiel als Arbeit und

2) Freies Spiel.

Wobei das *Spiel als Arbeit* eine höhere, sinnvolle Tätigkeit darstellt, bei der das Kind etwas lernt und das *Freie Spiel* (z.B. mit den Fingern im Sand malen) eine unnütze Zeitverschwendung ist.

Demnach dürfen ihre Aussagen nicht allzu negativ gesehen werden: Mit ihrem Unterrichtsmaterial können die Kinder in Montessori-Schulen spielerisch lernen. Wichtig dabei ist, daß die Schüler mit dem Material nur die dafür geplante Tätigkeit ausführen. Sie dürfen nicht frei damit umgehen, wie z.B. beim Rechenmaterial: Vergoldete Perlen dienen dazu, die Einheiten zu zählen. Um die Zehner zu zählen, gibt es Barren von zehn auf einen Metallfaden aufgereihten Perlen. Für die Hunderter, also zehn Barren gleich hundert Perlen wird ein Quadrat gebildet. Dieses Material dient nur zum Rechnen, darf aber nicht zu einem freien spielerischen Umgang eingesetzt werden (z.B. mit den Barren einen Turm bauen).

Nach heutiger Erkenntnis hat aber das Freie Spiel auch eine Funktion für das Kind. In diesem Fall wäre das z.B. sinnvoll für die Sensomotorik und für den Gleichgewichtssinn.

Die Ablehnung des Freien Spiels ist der eigentliche kritikwürdige Punkt zu diesem Thema. Wenn es einem Kind z.B. Freude macht, auf einem Stöckchen zu reiten (freies Spiel), ist das für Montessori kein Beweis von Vorstellungskraft, sondern die Folge eines unerfüllten Verlangens, nämlich sich einer höheren Tätigkeit zu widmen. Wie wir wissen ist aber auch dieses 'auf dem Stöckchen reiten' eine sinnvolle Tätigkeit für das Kind.

Die eigentliche Reform der Maria Montessori ist ihre Art und Weise den Unterricht zu gestalten. Denn im Vergleich zu den üblichen Unterrichtsformen, wie sie in der Zeit Montessoris geläufig waren, war ihre Methode ein großer Fortschritt. Der damalige Unterricht war durch Strenge, Disziplin, stereotypes Auswendiglernen und nicht kindgemäße Methoden gekennzeichnet. Der Lehrer war das einzige Medium in der Klasse. Maria Montessori brachte zum ersten Mal spielerisches Lernmaterial mit in den Unterricht. Dies war ein erster Schritt, Kinder mit allen Sinnen lernen zu lassen.

Literaturverzeichnis

Baacke, D. (1993). Die 6- bis 12jährigen. Einführung in Probleme des Kindesalters. Weinheim.

Barbera, M. (1919). Die Kinderhäuser Montessoris und die Selbsterziehung. Gedanken über: Le Case dei bambini della Montessori e l`autoeducazione. *La Civilta Cattolica*, 70, 37-49, 219-229, 430- 436.

Barow-Bernstorff, E. (1979). Beiträge zur Geschichte der Vorschulerziehung. Berlin.

Danker, G. (1970). Konzentration als pädagogisches Phänomen. In G. Schulz-Benesch (Hrsg.), Montessori (S. 342-345). Darmstadt.

Dewey, J. & Dewey, E. (1970). Freiheit und Persönlichkeit. In G. Schulz-Benesch (Hrsg.), Montessori (S. 28-43). Darmstadt.

Einsiedler, W. (1994). Empirische Spielforschung in Wien 1922-1931. *Empirische Pädagogik*, 3, 295-315.

Fisgus, Ch. & Kraft, G. (1996). Hilf mir es selbst zu tun! 3. Auflage. Donauwörth.

Hane, W. (1994). Maria Montessori - Eine Wegbereiterin der modernen Erlebnispädagogik? Lüneburg.

Heiland, H. (1996): Maria Montessori. 5. Auflage. Reinbeck.

Hellbrügge, Th. (1977). Unser Montessori-Modell. München.

Holtstiege, H. (1986): Maria Montessori und die reformpädagogische Bewegung. Freiburg.

Janssen, J. (1991). Konzentration und Leistung. Göttingen.

Kramer, R. (1977): Maria Montessori. Leben und Werk einer großen Frau. München.

Lane, H. (1985). Das wilde Kind von Aveyron. Frankfurt.

Lauster, U. (1975). Konzentrationsspiele 1. Reutlingen.

Lewin K. (1970). Sachlichkeit und Zwang in der Erziehung zur Realität. In G. Schulz-Benesch (Hrsg.), Montessori, (S. 245-253). Darmstadt.

Malson, L., Itard, J. & Mannoni, O. (1972). Die wilden Kinder. Frankfurt.

Montessori, M. (1913). Pedagogical Anthropology. New York.

Montessori, M. (1923). Mein Handbuch - Grundsätze meiner Methode zur Selbsterziehung der Kinder. Stuttgart.

Montessori, M. (1966). Von der Kindheit zur Jugend. Freiburg.

Montessori, M. (1969). Die Entdeckung des Kindes. In P. Oswald & G. Schulz-Benesch (Hrsg.), Maria Montessori. Freiburg.

Montessori, M. (1972). Das kreative Kind, der absorbierende Geist. Freiburg.

Montessori, M. (1988). Kinder sind anders. Stuttgart.

Montessori, M. (1989). Die Macht der Schwachen. Freiburg.

Montessori, M. (1994). Kinder sind anders. München.

Montessori-Kreis e. V (Hrsg.). (1989). Montessori-Pädagogik heute. 3. Auflage. Düsseldorf.

Niehaus Montessori Verlag (Hrsg.). (1978). Montessori-Material. Zelhem (NL).

Oswald, P. & Schulz-Benesch, G. (1966). Maria Montessori über die Bildung des Menschen. Freiburg.

Oy, C. M. von (1987). Montessori-Material. Heidelberg.

Portmann, R. & Schneider, E. (1986). Spiele zur Entspannung und Konzentration. München.

Rapp, G. (1982). Aufmerksamkeit und Konzentration. Bad Heilbrunn.

Reble, A.(1995). Geschichte der Pädagogik. Stuttgart.

Schmutzler, J. (1994). Fröbel und Montessori. Freiburg.

Standing, E. M. (1970). Maria Montessori: Leben und Werk. In P. Scheid (Hrsg.), Maria Montessori. 2. Auflage. Oberursel.

Zimbardo, P. G. (1995). Psychologie. Berlin.